U0661562

# 塑造你的领袖气质

## ——25位世界杰出领袖的成功解密

[美] 赫伯特·牛顿·卡森 (Herbert N. Casson) 著

夏晓东 译

中国出版集团
研究出版社

## 图书在版编目(CIP)数据

塑造你的领袖气质／（美）卡森著；夏晓东译.—北京：
研究出版社，2016.4（2020.7重印）
ISBN 978-7-80168-940-5

Ⅰ．①塑…

Ⅱ．①卡… ②夏…

Ⅲ．①领导学－通俗读物

Ⅳ．①C933-49

中国版本图书馆 CIP 数据核字 (2016) 第 057870 号

| | |
|---|---|
| 作　　者： | （美）赫伯特·牛顿·卡森　著 |
| 译　　者： | 夏晓东 |
| 责任编辑： | 陈侠仁 |
| 出版发行： | 研究出版社 |
| | 地址：北京市朝阳区安华里504号A座 |
| | 电话：010-64217619　010-64217612（发行中心） |
| 经　　销： | 新华书店 |
| 印　　刷： | 石家庄德文林彩色印刷有限公司 |
| 版　　次： | 2016年6月第1版　　2020年7月第2次印刷 |
| 规　　格： | 880毫米×1230毫米　　1/32 |
| 印　　张： | 7.5印张 |
| 书　　号： | ISBN 978-7-80168-940-5 |
| 定　　价： | 29.80元 |

# 本书作者及背景

每一个美国人都有成为领导者的雄心壮志，这一点很值得赞赏。而这种精神的付诸实践，在很大程度上造就了美国，乃至美国人在当今世界的霸主地位。本书将结合二十五位世界最杰出领袖的成功解密，向读者揭示赢得领导力的具体方法和途径，以期对大家有所帮助。本书共分为两大部分。第一部分主要探讨如何赢得领导力的原则方法；第二部分将结合实例，简要、精辟地分析二十五位卓越的世界级领袖是如何登顶，实现其成功之路的。

本书的作者卡森先生是整个大不列颠公认的、最了不起的商业作家和商人之一。他在美国时丰富的人生阅历使他对美国的商业和商人有着非常透彻的了解。他并不是一个爱空想的理论家，是英国最资深的商业人员培训师。他成功地建立了自己的公司。因此，作为领导人的他深谙其道。而我们广大的读者朋友只须轻松地翻动几页纸，就可以找到答案。卡森将以最引人入胜的方式向你揭秘领导的艺术。

1869年9月23日，赫伯特·牛顿·卡森出生于安大略省敖德萨市。他的父亲威斯利·卡森牧师是卫理公会的传教士，他的母亲是伊丽莎白·杰克逊。由于卡森父亲工作的关系，他们一家总在搬家，一直没有安定下来。在曼尼托巴省住了几年之后，梅蒂斯叛乱爆发之前，他们一家于1880年又回到了安大略省。由于没有受到过正式的学校教育，卡森只有从他所处的环境中汲取知识的养料。1890年，卡森来到维多利亚学院，打算学习哲学，却机缘巧合地被授予神学奖学金。1892年，卡森大学毕业并取得了双学位。

在卡森二十三岁的时候，他被授予卫理公会牧师一职。但是不久之后，他被指控宣传异端邪说。在被判有罪之后，卡森就辞去了牧师的职务。后来，在1893年，卡森搬到波士顿，并在波士顿的出版业开始了他的职业生涯。在波士顿工作期间，移民们的贫困生活吸引了卡森的注意力。在贫民区里，他目之所及的状况让他感到非常震惊，他决心做一名社会学家。由于反对战争，卡森被他的追随者遗弃，于是他又搬到了田纳西州的拉斯金殖民地：一家社会主义公社。在公社生活了六个月后，他再次离开了。

"最终取得成功的只是少数的几个讲究高效率的人。他们是一小部分有着想要不断自我发展的野心和坚强的意志力的人。"（卡森）

就在他迁居到纽约之前，卡森与莉迪亚·金斯米指挥官结为连理，并开始在《纽约晚报》工作。之后，他又在约瑟夫·普利策所经营的报纸《纽约世界》工作了一段时间。在他作为记者的职业生涯中，卡森采访了很多人，诸如格罗夫·克里兰夫总统，意大利发明家马可尼，发明家特斯拉·尼古拉，科学家托马斯·爱迪生，以及亚历山大·格雷厄姆·贝尔等。卡森的第一本书《浪漫的钢铁：千百万富翁的故事》出版于1907年。作者在书中详细地描述了十九世纪末期美国钢铁工业的崛起。1910年的时候，卡森又写了一本书，名为"电话的历史"。在这本书的序言中，他这样写道："短短的三十五年，如此迅速！刚刚诞生不久的电话就已经完全长大。三百万部电话现在已散布在美国以外的很多国家，就在电话的诞生地美国本土也已有了七百万部电话。"

1914年，卡森告老还乡，回到了英格兰。在第一次世界大战期间，卡森做了很多场有关工厂管理的报告和讲座。他一个人身兼数职，创办了报纸《效率》。他就这样一直工作到1950年，那个时候他正在澳大利亚、新西兰和斐济作巡回演讲。在回到萨里诺伍德的家乡后不久，1951年9月4日卡森去世了。

# 赫伯特·牛顿·卡森经典语录

◆商业中总是存在着斗争。商业路上总是布满了荆棘和众多的竞争对手。除了那条通往失败的宽阔之路，商业中也从来就没有坦途。每一次伟大的胜利都是靠艰苦的斗争得来的。每一个胜利者身上都布满了伤痕……最终取得胜利的正是那些为数不多的讲究效率的人。他们这些人拥有着不断完善自我的野心和坚强的意志力。

◆一直以来，善良都是一种财富。一个友好、有用、坦率的人也许永远不会拥有名望，但是每一个认识他的人都会尊敬他、爱戴他。他已为成功打下坚实的基础，他将会拥有一个有价值的人生。

◆决定商业胜败的并不是其规模。一些拥资五十万美元的公司其净利润要高于那些拥资五百万美元的公司。因此，如果没有效率与之相随，规模只是一种羁绊。

◆一个人在处理人事关系的过程中，有三种情感切不可有，即恐惧、厌恶以及蔑视。如果一个人对人感到恐惧，他就无法控制人。如果一个人对人感到厌恶甚至蔑视，他也就不可能用自己的力量去感染他人。他绝不能对人唯唯诺诺，也不能嘲笑人。他必须做到既要尊重自己，也要尊重他人。

◆一般人把生活视为麻烦。其一生都处在一个愤怒的缓慢释放状态。通常情况下，他不会去学习如何区分麻烦与困难，除非有一天，某种真正的麻烦彻底地击垮他。他经常会无病呻吟。直到真正的疾病来袭，他才能知晓麻烦与困难之区别。

◆每一个胜利者身上都有伤痕。

◆人本没有宿命。通常对于我们来说，无论好与不好，都是我们作为或者不作为的结果。

◆如果一个人终其一生只为钱，那么他依然会是一个穷光蛋。无论是在幸福面前还是在生命的价值面前，他都是一个穷光蛋。

# CONTENTS · 目录

## 第一部分 领导的艺术

众人分开，没有哪一个高效率的人会抱怨危机的存在。

# 第二部分　二十五位杰出领导者的成功故事

# 领导的艺术

第一章

# 兵贵神速，当机立断

人们往往对于那些能够在瞬间做出决定的人有信心。成为领导者的第一条原则就是当机立断。在领导力的形成过程中，速度因素至关重要，因为生命稍纵即逝。

**人们往往对于那些能够在瞬间做出决定的人有信心。**

领导力本身所需要的不仅仅是能力，而且还有属于自己的一套技巧。换言之，这种技巧在很大程度上来讲是可以通过后天学习的，如同很多其他艺术一样。但是，领导艺术是艺术的最高层次。

当机立断是众技巧之首。一个领导就好比一个裁判，必须能在瞬间做出决定。裁判的判定有时也许是错误的，况且裁判的决定也不可能永远都是正确的。但是他必须快速做出决定，否则的话，他就无法继续做裁判。

有速度不等于有智慧，但是有速度可以是一个很大的优点。很多比赛都是赢在开始的一瞬间。

相对于审慎者，人们对于当机立断者往往更有信心。因为人们担心，审慎者一旦有了别的想法会改变主意。

一个领导者必须能自省，必须有计划，必须会思考。但是他绝不可以像罗定思想者那样，静静地坐着陷入沉思。

每当有紧急情况出现时，领导者必须负起责任。他必须能够指挥大家，而不是坐在那儿思考。

而我们知道，时势往往会造就很多英雄。当其他人还在犹疑、恐惧、观望、期盼的时候，真正的领导会站出来告诉人们该怎么做。

我们几乎每天都在说"也许""可能""也许我可以"等类似的不确定的语言，但是在一个领导者的词典里，这些词根本不存在。

一个领导者绝不是一个只会说赞同或反对的人，就像那些学院派的产物。

一个领导人绝不会将做出决定的重担推给委员会或者会议。他深知他的责任是领导大家，而不是只拿薪水不干活。

如果一个委员会可以替代一位总统的工作，那么总统的存在还有什么价值呢？

如果士兵们说："我们的领导不知道自己在想什么。"自那一刻起，他们已停止了对该领导者的尊敬。

如果一个领导只能沦落为最后一个发言的人，如果他只能被大家牵着鼻子走，那么他就不再是一个领导了。他只是一个摆设，无法唤起人们对他的忠诚，更无法发出指示。

一个领导者必须时刻清楚他要做什么。他要给人以指导，而不是乱闯乱撞，像手持帽子的路边乞丐，四处索求他人的观点。

啊，这些观点收集者！政治世界里有太多这样的人，商业世界里也有太多这样的人。

如果有时间思考的话，一个真正的领导者会征求他人的意见。但是，他从不在危急关头征集意见，他会即刻行动。这才是一个真正的领导。

一言以蔽之，一个真正的领导是一个具有坚强意志的人。也许他并不比他的追随者更聪明，但是他必须有坚不可摧的意志。他不需要有最佳的前额，但是他必须有最佳的下颌。他必须有一个像捕兽夹一样的下颌。

在他的词典里，只有"不"绝没有"非常有可能"，只有"是"绝没有"如果没有意外"。

只要是他所从事的事情，就一定会紧跟不舍，坚决完成。

让我们去看一看那些商业经理们的桌案吧。你会发现那些已被讨论了一半的案件和那些还未曾考虑过的案件堆积如山。他们的桌案已被这些东西塞得满满的。一旦他不幸辞世，这成堆的提案将被扔进垃圾桶。

那些有待解决的问题，为什么没有被解决呢？就是因为作为领导者，他不能当机立断，既无法成事又不得不管事。

于是，我们明白了一个再普通不过的道理。那些垮掉的公司乃至民族，就是因为他们没有一个能够当机立断的领导者。

在重压之下，最重要的是，一个领导者必须是一个决策者。必须负起领导的责任。要勇敢地站出来，坚决有力地亮出自己的观点，这就如同一个军队的首领一样，在他的士兵面前，一定要身先士卒。

他必须有些专断，专断得像一个裁判。即使面对一群充满敌意的观众也毫无惧色。

他必须很强硬，强硬得就像战场上的上校。

他必须公正，公正得就像坐在生死审判台上的法官。而且，不管别人认为他是对还是错，他都要坚信自己的判断。一旦战斗打响，他可以毫不理会别人的看法。

他必须要忠于自己的判断。这一点是助他登上领导之位的关键。

　　由此可见，成为领导者的第一条原则就是当机立断。在领导力的形成过程中，速度因素至关重要，因为生命稍纵即逝。一个决定紧跟着另一个决定。在人的一生中，大概要做一万多个决定。

# 第二章

# 独立自主

　　领导者一定要尊重他人之观点，但做决定一事绝不可以假手他人。领导者须广开言路，多问几个为什么，但是最终的决定还是要等他自己来做。

**一定要尊重他人之观点，但做决定一事绝不可以假手他人。**

一个领导者是众人中不平凡的一个，是最重要的一个，绝不是同侪中的第一个或者类似的什么。尽管如此，他必须是一个具有亲和力、学习力的人。他绝不能像摩西那样高高在上，好像自己是从上帝那里获得的智慧。

他必须走下自我主义的西奈山，生活在民众中间。

须知三人行必有我师焉。拿破仑就曾经常与他的卫兵交流。他认真地倾听每一个人的话，但从不妥协于任何一个人的观点。

所以说，真相本身其实相当复杂。没有哪一个人可以仅靠自己的力量就能拼出事实的全部。真相是万花丛中一点蜜，须靠集体的力量一点一滴地去收集。

没有人可以捏造事实，无论他有多聪明。同样，也没有人可以像牡蛎深藏珍珠一样去隐匿真相。真相部分来自于创造，大部分源于了解，这也许是对真相最好的描述。我们必须广泛地收集素材，依照我们的计划和嗜好以构建我们对于真相的认识。一个人如果不是通过收集第一手的材料来构建事实的话，他只能算是一个理论家。

仅凭纸上谈兵，他构建的事实是不牢固的。他只能算是一个与真相游戏的孩童，永远无法成为成人世界里的领袖。

一个领导者须广开言路，多问几个为什么。一个领导者一定要尊重他人之观点，但是仅此而已。最终的决定还是要等他自己来做。

无论其决定在他人看来是多么荒谬，他都要坚持己见。绝不可以沦落为众口铄金的牺牲品。

身为领导者，绝不可以被派系左右，绝不可以自我怀疑。

当然，有的时候领导必须专断。何谓领导？领导须像克伦威尔、乔治·华盛顿、帕斯特，或者达尔文一样，努力坚守自己的信条。

无论我们接不接受，没有哪一个民族可以自我运行，这是一个不可否认的事实。对于任何一个民族来说，总有一少部分人无论在智力上还是在能力上都要优于其他人，而所谓的民主就存在于这少数能者的领导艺术中。

一个领导者必须是一个思想者。无论你多么不情愿接受它，我们无法逃避这个事实。

有时他是一个暴君，可是他从不是一个蛊惑人心的政客。一把手制度是一直存在的。难道我们由于担心这么说会伤了其他人的心，就一直这样欺骗我们自己吗？

每个公司，每行每业，乃至每个民族都是通过元首制取得成功的。为什么我们还要如此违心地否定这样的事实呢？

如果你想搞垮一家公司，那么就让一个委员会来管理它。

如果你想搞垮一个协会，那么就让一个委员会来管理它。

如果你想摧毁一个民族，那么就让一群人来管理它吧。

一部成功的历史就是一部生物进化的历史。

一个民族往往是因其有卓越的人民而闻名于世。古希腊处于当时世界的领先位置，就是因为在当时的古希腊，每一千个人中的杰出人物的数量比任何一个国家都要多。

在民主选举的日子里，每一个想要成为领导的人，都要努力地取悦他的选民。然而，事实上他根本不必如此。

试想一下，假使一位母亲只知道取悦她的孩子，可想而知，她的孩子将会被溺爱成什么样子。相信不出一个星期的时间，孩子就已经不成样子了。

有时，一个真正的领导者必须有能力带领他的追随者趋利避害，就好比一个牧羊人引领羊群到安全地带一样。

有时，一个领导者必须有勇气站在人前，任其踩踏。这是每一个领导者都必须承担的风险。

有时，一个领导者必须是残酷的。关于这一点，我无须去证实。

关于平等和自己决定，也许有人认为我们有些夸大其词。关于此问题，我们就谈到这里。

在茫茫人海之中，有一些人要优于其他人。而这些优越的人就应该站到人前：不管是在商界还是在政界。

在我们的社会中，有一些专家。他们拥有能力、经验、个性和优秀品质。这些人是我们这个社会中的中流砥柱。早在两千多年前，耶稣就曾指出了这一点。

这些人就是为大众而服务的人，但是他们绝不单纯地听命于大众。他们满足的当然不是他们所想的，而是他们所需要的。

因此，现在你应该明白，领导艺术中有别于其他的地方了吧。

第三章

# 行为果敢，绝不动摇

行为果敢，绝不动摇。这是通往职业巅峰路上的第三级台阶。当有反对意见的时候，我们一定要坚定不移。做事情中途妥协比不做更糟糕。

**做事情中途妥协比不做更糟糕。**

因为善于躲避危险，兔子才得以幸存下来。因此，我相信，政治家们也是如此。而在写作此书的过程中，我所指的既不是政治家也不是兔子。

本书谨写给那些即将要登上商界、工业界及各个行业的巅峰的佼佼者，以及那些勇于把世界扛在肩上的勇士。

在贸易、商业、金融、科学、新闻、文学、艺术及戏剧等领域中，一个人如果不能自我锻炼，勤于做事，并能承担责任，那么他是不会成为一个领导者的。

一个人可以通过巧妙地趋利避害在金融和商业上取得成功。一个人可以通过装疯卖傻在艺术上变得闻名和富有。可是他永远不可能成为一个领导。

领导力和成功是完全迥异的两件事情。一个普通的人也许会成为一个赚钱的高手，但绝不可能成为一个领袖。当然，也不排除一些偶然、一些例外。曾经有一个人悄悄地爬上了权力的宝座，靠着一些虚假的手段一跃而至高位。但是，很快就被人们识穿了真面目，打回了原形。

一个领导者，其意志须坚如磐石，视不同意见的存在为理所当然。即使大战在即，他亦能酣然大睡。

一言以蔽之，一个领导者即使犯了些许的小失误，依然可以固守自己的信念。金无足赤，人无完人。没有哪一个领导能够保证永远正确，他也会犯错误。尽管如此，无论对与错，一个领导者都要固守自己的信念。这样说也许有些难以理解，但是，每一个掌控着很多人生死的领导者都深切地知道这句话的真实性。

如果有人说"某一个领导连自己在想什么都不知道"，那么他很快就会失去领导地位。一个领导者绝不可以被别人牵着鼻子走。

其他人也许有"第二个想法"的特权，但是对于一个领导者而言，他只可以坚守他的"第一个想法"。

一旦他出现躲闪、退缩，他的追随者就会认为他害怕了。

因此，一切的成败都取决于领导者的一言一行。

他必须说到做到，绝不会通过什么所谓的"改良"而自食前言。

一个领导者必须清楚，何时应该停止讨论，开始行动。同时也必须清楚妥协和仲裁以及类似的事情在一定程度上是好的。一旦越过了适当的"度"就必须采取行动。

如果一味地依靠公断，就会变得无事可以公断。我们往往忽略这样一个事实。讨论只是一种工具，独自无法成事。如果讨论过后，依然不会有任何行动的话，那么讨论的意义又何在呢？

讨论是一把钉钉子的锤子。但是如果我们的锤子只在空中挥舞，那么锤子的价值又何在呢？

一个领导者说话要讲究分寸，不逾矩。他要为自己的所作所为负全责。每一次行动都是要付出代价的，其中有褒扬也会有责难，有得亦会有失。

批评总是会有的。有的时候，批评听起来很滑稽。有的时候也会有威胁，匿名信甚至会让他众叛亲离。但是，一个人如果想要成为领导者，就必须付出这样的代价。

一个领导者站在高处，俯视每一个人，会有无数双眼睛在盯着他，伺机寻找他的弱点。常常是，他每做出一个决定，至少会有百分之四十的人不满意，有的时候甚至会得罪每一个人。一个胆小怕事的人是无法成为一个领导者的。对于他来说，选择跟随一个英明的领导并且忠于这个领导是他所能做的最正确的事。他也许会成为一名上校，但绝不可能成为一名将军。要么做你该做的，要么把这个好的原则告诉其他人。除此之外，无第二条路可走。

我们要统领能力不如我们的，听从于能力高于我们的。做什么是对所有领导者的一个考验。我们一定要做的是打这场比赛，而不是讨论比赛的规则。

行为果敢，绝不动摇。这是通往职业巅峰路上的第三级台阶。

当有反对意见的时候，我们一定要坚定不移。做事情中途妥协比不做更糟糕。

人们也许会认为你顽固不化，但你必须如此。

人们也许会认为你不可理喻，但你看起来就是如此。终有一天，你会有充足的理由证明自己的决定。

一个领导者要像路德那样，将自己的信念牢牢地钉在教堂的门上，做事情从每一个人的利益出发。行为果敢，绝不动摇，就好比一个人手持锤子和钉子，快速地钉下去，这样他就不会有机会改变主意，妥协让步而把事情搞得一团糟。

"我此刻就站在这里，"路德[①]说，"除此之外，我什么也不能做。一个人不应该违背自己的意念。"

他行为果敢，绝不动摇。最终成为美国历史上一位卓越的宗教领袖。

因此，你会发现，付诸行动能使人坚强，行动力强的人让人感觉值得追随。

---

[①] 马丁·路德（Martin Luther），16世纪欧洲宗教改革倡导者，基督教新教路德宗创始人。

第四章

# 生命不息，战斗不止

　　不管你是人生旅途中哪个行业里的领导者，你一定要勇敢向前。你一定要做到生命不息，战斗不止。意识到这一伟大的事实，都将会有助其成为行业精英。

**有了战斗的精神，商人才有了工作的乐趣。**

如果一个人消极、踌躇、胆怯，他也许会成为一个很好的工匠，他也许有足以成事的能力和品质，但他永远都不可能成为一个领导者，永远都不会。

我这里描述的是人性的本源，而不是它应该是的样子。因此，我不得不说我们的这个世界是喜欢斗士的。

一个和平主义者除了他自己之外没有任何的跟随者。恰恰相反，一个斗士身后却总会有一群人跟随。虽说很遗憾，但是事实的本源就是这样。

任何人想要成为统治者，都不得不卷入这样或那样的竞争之中。他要不停地战斗。

他要与对手战斗，他要与困难战斗，他要与浪费战斗，他要与一切不可能战斗。因此，我们发现商业生活中的主要问题就是让你的追随者时刻保持高度警觉和清醒的头脑。

如何激起他们的兴趣而不致昏昏欲睡？如何才能使他们睁大眼睛？如何才能使他们在工作时保持热情和速度？这些是每一个职业经理人都亟待解决的问题。

人们不喜欢工作，过去不会，将来更不会。但是，过去一百万年的历史告诉我们，人类喜欢游戏和争斗。

我们的骨子里就有斗争的精神。这是再简单不过的事实。它不像我们大部分的社会美德那样流于形式。它深深植根于我们的人性之中。

效率原则之一是对待事物要究其根源。所以，我们必须将战斗的精神融入到我们的商业活动中。你必须创建竞争机制，使你的团队能有出色的表现，并享受整个战斗的过程。

记得一个很有名的剧作家曾对我说过，他的大部分剧本都是关于竞赛或是营救的。据他说，每一个畅销的剧本中都必须有一个恶棍。因此必须有一场为了战胜邪恶而设计的动人心魄的战斗。

剧作家了解人类的这一本性。小说家也是深谙此道。政治家也知道这一点。但是，除了少数的几个例外，大部分商人对此却一无所知。而那寥寥无几的几个例外恰恰是那些领导者。

举例来说，安德鲁①很明白这一点。他把运动的精神引入到钢铁生意中，成为了全世界最富有的人之一。

一个公司的领导者必须是一个首领，就好比一个部落的首领。否则，忠诚和热忱将无从谈起。一个领导如果做任何事都按部就班，那么他的团队也无法发挥其所有的潜能。没有哪一个靠薪水过活的人会脱帽高喊："为我们的董事会三呼万岁！"

商场上必须有斗争精神。此时，我已把斗争精神视为战争的终身敌人。

我与军国主义已经斗争了三十余年，因此，我相信阻止战争的最好的办法就是把战斗的精神引入到商贸活动之中。男人们乐于参战是因为他们厌倦了单调枯燥的工作。他们厌倦工作，憎恨工作，正因为如此，才有数以百万计的自愿者加入战争。男人注定要战斗。那么，就让他们在商场上与对手一决高下吧！让他们用广告而不是枪炮做战斗的武器。让他们与浪费、高消费、各种困难以及人类的漠然作斗争。让他们拥有自己的公司、自己的军队、自己的勋章和奖牌、自己的音乐和行

---

① 安德鲁·卡耐基（Andrew Carnegie），美国人，20世纪初的世界钢铁大王兼20世纪首富。

军节奏、自己的下士和上尉、自己的英雄和纪念碑。

当我们学习如何给成功的推销员或勇敢的领班以荣誉，就好像我们授予那些士兵以杰出服务勋章一样，从那一刻开始，我们将会发现忠诚在我们的经营活动中的作用。

如何使员工做到最好，任何时候，无论在哪里，对于每一个领导者来说都是一个难题。答案其实就是，赋予他们以艰难的工作，鼓励他们勇敢向前，成功后给他们以奖励。

人们怎么能够对一个处处防备的领导忠诚呢？人们又怎么能够追随一个事事躲闪、把自己裹得严严实实的人呢？

最好的自卫方式就是进攻。首先发动攻击，让你的模仿者忙个不停，正如吉卜林①所说："每次我给领导者提出进攻策略的时候，大约一年以后，百分之九十的人都会说：'你的策略是很好，但是你忘记把某些困难考虑在内了。'"

因此，我知道他是一个懦夫，对这样的人我无话可说。

困难的存在是在所难免的，而且困难是一直存在的。而这一点正是生命的乐趣所在。如果没有了困难，也就没有了斗争。如果没有了斗争，也就没有了生活的乐趣。

这是一个光荣的世界，每天都在上演着很多看似不可能的

---

① 鲁德亚德·吉卜林（Rudyard Kipling），英国著名小说家、诗人。

事。这才是我们所应持有的正确的人生态度。

"明知不可为而为之。"只有勇敢者才将其作为自己的座右铭。这个信条同样也使他们财源滚滚。

因此，不管你是人生旅途中哪个行业里的领导者，你一定要勇敢向前。你一定要做到生命不息，战斗不止。

一旦那些勇士意识到这一伟大的事实，都将会有助其成为行业精英。

第五章

# 学会制造新闻

无论是好与坏，舆论在很大程度上左右着我们。新闻界就像一个巨型的漏斗，人们向里面投掷各种各自喜好的东西。它已经成为民族的一部分，就像心脏是我们身体上不可分割的一部分一样。

**无人敢冒天下之大不韪忽视或抵制公众的意志。**

这一点是我们所有文明中最重要的。无论是好与坏，舆论在很大程度上左右着我们。

日报是我们的学校，是我们的讲坛，它几乎可以说是我们的创造者。新闻控制着我们。它已经取代了教堂和政府的地位。

因此，如果说新闻造就了我们，我们不妨问一下自己："又是谁制造了舆论呢？"

请大家牢牢记住这样一件事情，新闻是由那些制造了趣闻轶事的人制造的。

新闻是由各种各样的人制造的，其中有聪明的人和愚蠢的人，有好人也有坏人。他们做了一些让他们自己有别于常人的事情。

一句话，新闻本身不是人，亦不是事儿。

它是日常生活中的闲话，是谣言，是丑闻，是情况。

新闻界就像一个巨型的漏斗，人们向里面投掷各种各自喜好的东西。

它已经成为民族的一部分，就像心脏是我们身体上不可分割的一部分一样。

公众意识，拥有比金钱、比政府，甚至比集合全世界的军队都强大的力量。

无人敢冒天下之大不韪忽视或抵制公众的意志。这一点毋庸置疑。

洛克菲勒[①]曾试图忽视民众的意志。他对日常舆论的作用一点儿也不感兴趣。他认为诽谤者必会自生自灭，而真相终会战胜流言蜚语。

可是，他错了。他的公司，是全美国实力最强、信誉度最佳的公司之一，曾被公众舆论碾得四分五裂，分成三十五个部分。

——————————

① 约翰·戴维森·洛克菲勒（John D.Rockefeller），美国实业家、美孚石油公司创办人。

直到那时，洛克菲勒才转变观念。今天，他对于这一点理解得更加深刻了。现在他也会接受记者的采访，允许记者们为其拍照，甚至他还将自己的故事编写成书，以供大众阅读。

新闻从业者知道什么是新闻。了解这一点的人为数不多，而他恰恰是其中的一个。他不仅仅接受了新闻，而且还是少数几个利用新闻的人之一。

新闻媒体造就了大部分的演员。他不仅可以成就一家企业，也可以毁掉一家企业。他创造并选出了政治领袖。

运动杂志的编辑让体育冠军成为了民族英雄，金融杂志的编辑决定了大部分新建公司的命运，社会版的编者则掌控着那些想要进入社会高层的人的生杀大权。

然而，这一切又与领导力有何关联呢？

关联实在是太大了。在公民意志越来越重要的日子里，如果一个领导者不懂得如何去化解每天的闲言闲语，如果一个领导者不懂得如何去制造舆论，那么，他成功的希望简直是微乎其微。

新闻造就了领导者。因此，一个领导者就必须了解新闻，掌控新闻。

一个不问世事的隐士不可能成为一个领导者。一个已退居二线的人对一个民族的思想的塑造不可能有强有力的影响。

一个领导者必须时刻从全局出发。一个领导者必须是众人关注的焦点。一个领导者没有任何隐私可言。一个人一旦成为领导，就不可能是一朵默默无闻的紫罗兰。

被人遗忘是一个领导者最最惧怕的事情。

赞扬会助其成功，批评可维持其生存，而遗忘会彻底毁了他。

每一个领导者都会有很多的朋友，也会有很多的敌人。而正是这些人把他拉下了马。人们了解这一点，却不关心。

如果一个人或一家公司把尊严看得比出名更重要，他会慢慢地走向衰落。这样的例子难道还少吗？

如果一个银行家、一个制造商、一个政治家想要躲在自己的私人办公室里领导众人的话，他们很快就会发现自己是一个光杆司令。

和大家在一起，让大家知道你在哪，这是给那些想成为领袖的人的一个小小的建议。

一个学历很高的人曾问过这样一个问题："但是，那样的话，我是否有些厚颜无耻？"

实际上，你不必厚颜无耻，但是你一定要大家听到你的声音，绝不可以一言不发。如果你害怕曝光，那么就放弃你的地位，退隐田园吧，可以整日与玫瑰花、杜鹃花和一些默默无闻的东西相伴。

你可以退隐也可以进修道院，但是不管怎样，你都不可以让自己再认为，你是一个能做大买卖的人或者是一个能成就大事业的人。

尽管我希望是这样的，但是仅有美德是远远不够的。

我发现我不得不花费大部分的时间去做这样或那样的事情，而其中的大半是小题大做。

我们的成功与失败往往取决于人们的评论。为什么我们就不能面对这一事实呢？

我们必须还原世界于我们发现它的样子。然后，我们要尽我们所能，按我们的喜好，去塑造这个世界。

如果你想要成为一个领导者，你就必须学会如何制造新闻。

第六章

# 失败乃成功之母

　　失败和挫折是通向成功的阶梯。如果你想在一个充满荆棘和坎坷的世界里成为一个领袖，你就得像浴火重生的凤凰鸟一样。你必须有置之死地而后生的勇气。

**失败和挫折是通向成功的阶梯。**

如何应对挫折是一个领导者所要面对的最难的考验。是把它看成一个终点，还是把它作为一个经验教训？

商场上充满了矛盾，充满了得失和起起落落。

办公室并不是一个舒适宜人的地方。你坐在大大的办公桌旁，周围是一群美丽妖娆的女郎，还有很多阿谀逢迎的高管。

商战不仅仅是签支票、填表格。商战考验的是一个人的意志力、耐力和定力。

可悲的是，商场上的大部分失败者都一蹶不振，认为他们的失败不可逆转。

我毫不怀疑世界上最大的俱乐部是"失败者俱乐部"。在每一块大陆上，在每一个城市里，你都可以发现它的成员。

我们大部分人都很脆弱，脆弱得好比一个落入井里的水罐，撞到石头后摔成碎片。

大部分人都是愉快地开始自己的人生旅程，当他们遇到人生中的第一个困难时，他们的成功人生就宣告完结。

也许他们会在一个舒适的环境里生活得很好，但是一旦他们生活在一个困难重重的环境里，就会显得那么无能为力。

有太多还无法离开襁褓的人进入到商场里。他们艰难前行，总是哭诉"有人伤害了我"。

有太多人在开始时很顺利，因为他们有个富爸爸。于是，他们自然而然地相信，做生意主要就是数一数钱，投一投钱。

这些一帆风顺的商旅一旦遇到暴风雨，就会士气低落。甚至会被第一次挫折吓倒。通常我们都会在狂风暴雨后的残骸中找到他们。

如果一个人想要成为领导，他就必须向大家证明，不管遇到什么压力，他都不会屈服。他必须向大家证明他并不是只有一副空皮囊。

他绝不能在战火中隐退。他绝不能扮演那只被猎犬追逐的狐狸。

很多卓越的商业人士在创业之初都曾失败过。但他们一直都在坚持,从未放弃。

每一个成熟的人都知道这样一个事实,人的一生中难免会遇到挫折和失败,就好像赛场上一样。

在创业中,在实验中,挫折在所难免。而这些挫折正是我们登上成功巅峰的阶梯。

挫折亦可为我所用。

所有的发明家都清楚这一点。例如,爱迪生<sup>①</sup>就有这样一个习惯。他会一个接一个地做实验,就这样一直坚持,直到发现他想要的。就这样,在经历了数以万次的失败之后,爱迪生终于发明了电灯。

很多开路先锋都是这样越挫越勇,这也证明了他们所做的工作也越艰难。

这样的人总喜欢挑战那些不可能的事。他们对容易重复的工作嗤之以鼻。他们是探险家,是探路者。

在贸易和商业中鲜有这样的人,而这样的人恰恰应该有更多。

犬中之王是斗牛犬。为什么呢?

---

① 托马斯·阿尔瓦·爱迪生(Thomas Alva Edison),举世闻名的美国电学家和发明家。

就是因为它会抓住不放。一旦它抓住猎物，即使用烧红的烙铁也甭想让它放弃。

正是因为这样，每个人、每条狗都会带着一种最深刻的敬畏之情看待斗牛犬。

所以，在商界中，如果一个人想要成为领导者，就必须具有斗牛犬一样的韧性。他甚至必须以以牙还牙、以眼还眼为乐。

他必须把生活当成是一场斗争。绝不可以把生活看成是一场游行，或是一场午后的茶会。他必须迅速地找到失败的原因，并把失败的教训应用于下一场斗争中。

尽管顽固不化是一个缺点，但我们不得不时常提到它。尽管顽强不是这个世界上最罕有、最有创造性的美德之一，但是我们依然用顽强这个词来修饰人。

顽强！上苍，让我们再顽强些吧。顽强再加上可教性，你就拥有了任何人都想拥有的最佳的一对美德组合。

哥伦布①是顽强的。尽管遭到水手们的要挟和乞求，他依然坚持数日。瓦特②是顽强的。虽说他已花了十五年的时间研

① 克里斯托弗·哥伦布（Christopher Columbus），意大利航海家。
② 詹姆斯·瓦特（James Watt），英国著名的发明家，是第一次工业革命时的重要人物。

究蒸汽机没有成功，但他依然坚持，直到有一天他终于成功地发明了第一台蒸汽机。

如果一个人不能在困难中坚持，如果一个人无法承受嘲讽和反对，那么他将不可能成就任何事。

一个人如果肯坚持，即使只有百分之五十的智慧，依然会打败一个虽然拥有百分之百智慧却选择规避困难而去做那些容易的事情的人。

也许大家还记得，古埃及人曾把这样一个想法编织成凤凰神话。

传说凤凰鸟是一种居住在阿拉伯地区的神鸟。每过五百年，凤凰鸟就会飞到古埃及的一座寺庙里，并在圣坛上自燃。就在每个人都以为它死了的时候，它却浴火重生了。凤凰鸟会在自己的死灰上重生之后再活五百年。

所以，如果你想在一个充满荆棘和坎坷的世界里成为一个领袖，你就得像浴火重生的凤凰鸟一样。你必须有置之死地而后生的勇气。

# 第七章

# 缔结领导者联盟

自力更生是必需的。每一个有潜力的人都应该自力更生。但是切不可忽略友情带给你的快乐。伟人也需要帮助，需要无畏的批评和意见，需要同行们的刺激和鼓励。

**远离奉承，每一个伟大的人面对批评和意见都是无畏的。**

一个伟大的人、一个完全的成年人、一个成熟的人会深知这一原则是多么明智。

一个典型的强壮而有能力的人会认为："我很独立。我要依靠我自己。我拥有自己的公司和自己的员工。我只关心我自己的利益和事情。"某种程度上来说，这是千真万确的。要独立，但绝不可以与整个世界为敌。无论你有多强大，这个世界要弄垮你易如反掌。

自力更生是必需的。每一个有潜力的人都应该自力更生。但是切不可忽略友情带给你的快乐。

追随者，每一个领导者都有。但是切不可让你的追随者毁了你。

委婉一点说，切不可让你的追随者把你变成一个自负的人。切不可让你的追随者把你囚居在愚人的天堂，没有人指出你的错误。

正如我们所了解的，很多强者都是孤独的，没有朋友，做事情一意孤行，好面子，脾气暴躁。没有人敢直白地把事情告诉他。

无论我在哪，使我印象最深的是，几乎每一个领导都喜欢听阿谀奉承的话，即使有些事情你不得不说，作为领导他不得不听。

记得在我的年轻时代，曾经有很多次直接冲到某个领导的面前，直陈其所不知之事。

年少无知的我天真地以为，领导应该会非常高兴。但是实际情况并不是像我想象的那样。经历了太多次这样的错误后，我终于慢慢学会对每个领导说"像先生这样的先知先觉者一定非常清楚……"这样的阿谀之词，无一不奏效。

适合掌握权力的人并不多。权力可以愚弄人。这样的事情很遗憾，但是这样的事情也可以避免。

有太多的商贾都曾犯过拿破仑①犯过的错。他们只依靠自己及其下属。他们从不与任何人结盟。一个没有朋友的人迟早会遭遇滑铁卢，像拿破仑一样在圣赫勒拿岛孤独终老。

事实证明，每一个人都需要志同道合者的启发。这样可以使他们不至于跌入自我的牢笼。

扶轮社的基本思想就是联合各个行业中的志同道合者。

每一个人都决不能向炫耀和阿谀奉承低下他那高昂的头，这一点非常重要。通常情况下，只有在与他同样的人面前，他才可以这样做。

一旦一个人成为了领导，必须马上建立自己的智囊团。一个领导者绝不能允许自己的智囊团变成奉承者和弄臣的天下。

正如我们每个人所了解的，的确有很多高管拿着高薪，却只会说："是的！是的！"

只要是领导提出的，不管提案有多愚蠢，他们一律赞同。他们迎合上司的虚荣。也许这是他们能保有工作的唯一方法。但是如果事情由一个国王和他的侍臣操控的话，这无疑对一个国家乃至公司的发展是有害的。

---

① 拿破仑·波拿巴（Napoléon Bonaparte），法兰西帝国缔造者，卓越的军事家、野心勃勃的政治家。

假使你的权力是与财富结伴而来，切不可理会那些食客。

假使有一天，你有幸娶到了一位好妻子，当她浇醒你已膨胀的头脑时，你一定要感谢她。

假使你的儿子长大了，对你说："爸爸，你错了。"请你一定要感谢上苍，并听儿子的话。因为，他至少有四分之一的机会是正确的。

假使你的公司里有人敢直言相谏，告诉你有些事情应如何改进。请你一定要感谢上帝！给他升职加薪。他当之无愧。

然而，我们的社会无法摒除那些歌功颂德者和谄媚者。也没有法律条款对其进行约束，尽管这些人对于一个伟人的破坏力远远超过了酒精的破坏力。

因此，每一个领导者都要保护好自己，不要跌进他们的陷阱。消除这种危险的最好的方法就是与其他领导者缔结联盟。

借鉴其他领导者的成功经验，研读他们的自传。以他人为镜，你会清楚地意识到自己并不是独一无二的。

有一件事情，每一个成功的商人都可以做到。加入商会，并在其中积极工作，却不试图控制它。

一个领导者也可以与银行家结成朋友。我们总是忽略银行家的作用，而喜欢与律师交朋友。这是一个危险而且代价高昂的错误。

一个领导者也可以与每一个最佳客户结成朋友。再也没有比这更划算的买卖了。

在很早以前，洛克菲勒是唯一的一位与他人结成联盟的石油大亨。而这恰恰是洛克菲勒成功的秘密。他与铁路公司结盟，确保了自己每天有固定的吨位。

因此，我们可以看出，变得富有以后依然保持简单平和的生活是完全有可能的。

一句话，没有哪一个伟人可以像他的事业那样伟大。他也需要帮助。他需要无畏的批评和意见。他需要同行们的刺激和鼓励。

这正是一个强者不可以太过独立的原因。这正是一个强者要与其他行业的领导者缔结同盟的原因。

第八章

# 勇于冒险

一个领导者必须直面危险，他必须承担风险和责任以及暴风雨的猛烈袭击。危险将少数的几个勇敢者与众人分开，没有哪一个高效率的人会抱怨危机的存在。

**"安全第一"并不是领导者的座右铭。利益与风险相伴而生。**

在野生动物的世界里，虽然有危险，领头的动物总会勇敢地朝前走，哪怕前面是危险。如果他退缩了，他也就不再是大家的首领。没有任何同伴会追随一个懦夫。

这是领导者应付的代价。这是个公平的代价，每一个领导都必须遵守。

野牛的世界如此，人类的世界也是如此。一个想要成为领导的人必须直面危险。他必须站在危险和他的追随者中间。

如果把人类看成一个整体，你就会发现每个人都会胆怯。不管男人还是女人，一遇到危险，他们就会像兔子一样四处躲藏。

人类总是趋吉避凶。人类的第一个家就是用来躲避危险的隐藏于岩石后面的山洞。

"安全第一"是过去的五十万年里人类的座右铭。但是，它从不曾是领导者的座右铭。

一个领导者必须直面危险。他必须承担风险和责任以及暴风雨的猛烈袭击。

他必须是一座堡垒。不论是在战场上还是在商场上，一个领导者必须是一个具有安静勇气的人，既不虚张声势也不躲躲闪闪。

对于某些人来说，危险有一种吸引力。他们就是冒险家。

我认识两个最勇敢的人。他们都是安静的绅士，喜欢冒险胜于一切。其中的一个是飞行员，曾飞过世界的所有角落。另一个是植物标本采集者，曾到过世界上最难于到达、最危险的地方，带回来很多新奇的花种。

在这个星球上的蛮荒之地，危险是无时无刻不存在的。人们认为它就像暴风雨和疾病一样理所当然。

因为我的童年是在加拿大的丛林中度过的，所以我清楚地了解，没有哪一个人是绝对安全的。危险一直存在。

如果有人被枪杀了，或有人溺水了，或有人被倒下的大树砸死了，没有人会为这样的事情而感到惊讶。

如果你想要活下去就必须冒险。如果你想要去死，那你不妨就躲在床上，待在一个乱七八糟的世界里。

每一个危险几乎都是一次机遇。

这是你成为行业领导的一次机会。

危险已经将弱者排除在外了。危险给我们以考验。危险将少数的几个勇敢者与众人分开。没有哪一个高效率的人会抱怨危机的存在。

商场上，利益与风险相伴而生。没有了风险，你可能会稳稳地赚到六分的利，但仅此而已。所有的大奖都是给予那些勇于面对危险的人。

通过从他人手中购买风险，快乐的老罗伊德公司赚取了巨额的利润。他们是在危险中生存的经销商，他们比那些同时代的悲观主义者多存在了七十多年。

无论是在商场上，还是在金融领域，抑或是在战场上，勇敢都是一种美德。每一个国家的大银行家往往都是最勇敢的人。

我们就以美国最强大的银行家J. P. 摩根① 为例。他之所以

---

① 约翰·皮尔庞特·摩根（John Pierpont Morgan），美国金融巨头，被誉为"华尔街的拿破仑"。

杰出并不在于他的商业才能。他总是花大价钱买入。他有勇气和品质，他一直是华尔街的领头羊，长达三十年之久。

明智的人都应该记住，我们不可能规避风险。最好的规避方式就是迎难而上。

你要学会正视危险，就像非洲丛林中的猎手们所做的那样。即使一百码外有狮子在咆哮，你依然能酣然入睡。

自卫在一定程度上是一种美德。有了它，你也许会走得很远。

那么，保护他人呢？难道每一个强者保护他人的本能也与其自卫的本能一样强吗？

难道每一个真正的领导者不应该像母亲保护孩子一样地保护他的人民吗？

难道每一个心胸宽广的商人不应该保护他的顾客吗？

难道每一个成功的雇主不应该保护他的员工吗？

雇主的资本为工人们提供了实现生活水平改善的机会，而工人们自己被迫组织起来反抗本应该成为他们挚友的雇主。这难道不是雇主们的悲哀吗？

如果没有了勇气，不管一个人能力有多强他也不会成为一个领导者，勇气是可以一点一滴地积累的。勇气是成千上万的人在战争中慢慢锤炼出来的。

我们为什么不在商场上锤炼我们的勇气呢？

勇气往往是形成于一瞬间的意志力。一个人面对危险，他可能极度恐惧，但是在他的意识里很可能会发生一种质的变化。

在商场上，通过冒风险，承担责任，一个人会变得勇敢。他把金钱都赌在一个想法上。他赌的是他的能力。

在每一个城镇，总有一家店铺或一家工厂以领先而闻名。

总会有这样一个人，他勇敢，进取，做事情总是抢先于对手。他的座右铭是"我要做大家的风向标"。

他从一大群模仿者和抄袭者中脱颖而出。当其他人向西行进的时候，他会突然掉转方向，向北而行。大部分时候他的选择都是对的，但也有错的时候。可是，他总能够向大家证明自己是值得追随的。

他知道，在前进的路上，危险会接踵而至，他也知道，第一个克服危险的人将会赢得最多的回报。

第九章

# 创建成功团队

　　没有哪一个人敢说自己很明智，不必向任何人学习。也没有哪一个人敢说自己很强大，不需要任何人的帮助。领导者必须创建自己的团队，必须拥有自己的帮手、自己的顾问团、自己的管理团队。

**为了公司的顺利运营，必须为每一个工作培养接班人。**

一个领导者是一个"总统"，而不是一个独裁者。他必须拥有自己的内阁。

任何一个积极向上的公司都必须是一个人的公司。但是这个人必须拥有自己的帮手、自己的顾问团、自己的管理团队。他一定不能搞一言堂。否则的话，他的公司存在不会超过二十年，甚至更短。他更不可能建立一个永恒的公司。

没有哪一个人敢说自己很明智，不必向任何人学习。也没有哪一个人敢说自己很强大，不需要任何人的帮助。

仔细想一下，可能你还会记得无所不知先生，他的原则就是"如果你想要做好一件事情，一定要靠自己的力量"。

大家一定也记得，他死时只有五十岁。他的观念很快也随他进入了坟墓。与他有着相同遭遇的公司也有很多。

领导者必须创建自己的团队。就像每一个船长都有自己的大副和工程师一样，每一个商人都应该有自己的顾问团。

一个将军要有自己的上校。一个上校要有自己的上尉。一个上尉要有他自己的中士。即使一个中士也要有自己的伙伴。在军队里，没有哪一个军官是孤立存在的。

这是一个明智的原则，它同样适用于商场。每一个雇主乃至每一个管理者都应该有自己的有能力的助手团队。

有很多的商人都会犯这样的错误。他们事事亲力亲为，认为自己必不可少，并且还引以为荣。

甚至有些人会说："如果有一天我不在办公室，就肯定会出错。"

这是一种愚蠢的自我赞扬，在自己家里也许可以。如果事情属实，可以证明这个人根本就是一个不合格的组织者。

这也就意味着，他的公司只可算作一个家庭作坊，而绝不是一个靠现代化力量推动的大型企业。

你是否是一个好的管理者，可以通过你不在公司时公司顺利运营时间的长短得到很好的检验。如果你离开的时间不能超过一到两周，你就有必要建立一个团队。

为了公司的顺利运营而不出现任何差错，必须为每一个工作培养接班人，从最高级的到最低级的。

毋庸置疑，董事会一旦成立，他们就要对董事会的主席负责。但是他们所要承担的是仲裁的责任。他们不必帮助董事会主席。但是，如果主席失败了，他们会给他惩罚；相反如果主席成功了，他们会给予他奖励。

因此，在每一大公司里，都需要一个核心团队。他们经过培训后能够更好、更团结地一起工作。

这个核心就是他的团队。这个团队每周应该见一次面，应该经常在一起听讲座、读书、读杂志接受培训。

公司的领导要负起培训的责任。也要尽可能多地聘请外面的专家为员工进行指导。

如果一个雇主想要他的公司不断地发展壮大，他的第一个责任就是建立一套员工培训系统。

很多时候，一个身居要职的人都试图使自己能够以一当十，结果却在成功前把自己累倒了。

他首先要发出命令，即使大家不理解也要去执行，而不是首先告知大家他在政策上的新改变。

一句话，每一个身居高位的人的工作都需要通过他人去实现。

如果你的公司有十名员工，那么你的团队至少有一个人；如果你的员工已增至一千人，那么你的团队人数至少要达到二十五人。

有些人虽然很擅长构思大的计划，却没有执行力。例如伍尔沃斯[①]。在他建立自己的团队之前，他很失败。现今世界上聪明的商人安德鲁·卡耐基也是如此。直到他找到了施瓦布[②]，他的宏伟蓝图才得以实施。

作为一个团队的培训师，至今还没有人超过卡耐基所取得的成就。他曾帮助过四十三个年轻人脱贫致富，变成百万富翁。而且，他使每一个都变得聪明。只有一个例外，那个人最后选择了政治。

让我们比较一下卡耐基和德国的施廷内斯。卡耐基相信团队的力量。而施廷内斯不这么认为。

三十五年前，卡耐基创建了一个资产达三亿五千万美元的钢铁公司。今天这个公司依然健在，而且日益强大。

六年前，施廷内斯创建了一个资产达一亿美元的施廷内斯

---

① 伍尔沃斯（Woolworth），英国最大的连锁零售店之一。
② 克劳斯·施瓦布（Klaus Schwab），世界经济论坛的创始人、主席。

联合集团，不幸的是，他没有建立一个团队，而是把公司的所有权力交给了他的儿子们。结果，施廷内斯联合集团现在已经四分五裂，而施廷内斯在德国已经成为了一段历史。

没有了施廷内斯，施廷内斯联合集团存在还不到两年。为什么呢？因为他没能做到未雨绸缪，他没能创建一个团队。他所做的所有工作就好比海滩上的沙堡，经不住任何风吹雨打。创建团队的重要性，是我们这个时代的所有商人都应吸取的一个重要的经验教训。

第十章

# 想追随者之所想

　　作为一个领导者，他应该一直并且不断深化这种观点，那就是一定要设身处地地为他的追随者着想。一个合格的领导是一个能代表其追随者并能为其服务的人。

**通往伟大的路是一条为他人服务的路。**

作为一个领导者，他应该一直并且不断深化这种观点，那就是一定要设身处地地为他的追随者着想。此观点可以说是商业文化中的一种新的观点，也是最重要的观点之一。

当你读完此书时，你会发现领导力比任何人所想的都要高尚、崇高。

一个领导者不是一个独裁者。他不会依靠威胁、吹嘘、颐指气使地发布命令的方式来赢得大家对他的信任。

一个合格的领导是一个能代表其追随者并能为其服务的人。我们从未在心中为其明确定义过。然而，这不仅仅是思想问题，更是一个感情问题。

我个人对于商业领袖的认知是，一个公司就像是一个苏格兰氏族。

氏族里的成员和它的族长之间彼此真诚相待。即使是氏族里的最卑微的成员遭到外来人员的伤害，身为族长亦会出手相救。

族长会为他的族人而战。甚至会将氏族的福祉看得比他的生命更重要。

在科学上，我们也有这种氏族观念。为什么商业中没有呢？我们有化学氏族、生物氏族、天文氏族。这些科学氏族的首领经常会为了氏族的发展而献出自己的生命。

封建主义也有很多的美德，资本主义却将其丢弃了。现在，经历了几个世纪之后，资本主义渐渐认识到这些美德的可贵，并将其重新注入到商业领域。

封建主义的没落是因为很多的贵族和族长们只想着他们自己。

正因为如此，拿破仑惨败滑铁卢，查理二世被推上了断头台，雨果·施廷内斯集团倒闭，以及很多的大野心家都遭到了惨败。毁了拿破仑的并不是滑铁卢，而是从莫斯科撤退，人们发现，拿破仑宁愿牺牲五十多万士兵的生命也要实现他个人的野心，这才是他惨败的原因。

很多政治野心家的失败就是因为他们把自己的私欲看得高

于一切。一旦人们发现了他们的政治野心，人们就会毫不留情地抛弃他们。

野心与服务！这是所有的伟人都要经历的考验。一定要将那些野心家而不是公仆扔到垃圾堆上。

每一个真正的领导者都是在为他的人民服务。简单地举几个例子看看：

**尼尔森**　为什么人们给予尼尔森如此高的荣誉呢？就是因为他是为英格兰而生的，也是为英格兰而死的。在他的一生中，他从未考虑过个人的安危、荣辱及权力。

**利弗休姆**　虽然他已经离开了我们，但我依然要颂扬他，并没有丝毫阿谀之嫌。他以低廉的价格为全世界提供优质的香皂，并和他的员工共享利益。

**诺斯克利夫**　他首先想到的是他的读者、是他的祖国——英格兰。他把荣誉和财富看作工作的工具。尽管他有百万资产、众议员的身份，他依然坚持做一名记者。

**达尔文**　他是一位伟大的科学家，他告诉了我们一个领导者的更高层次的含义。他努力寻求真相。他找到真相后，以朴实的语言告知世界。他创造了高层次的文明。他驱走了鬼神，为我们找回了真理的传统。

**巴菲特**　在所有的法国人中，巴菲特是最受人民爱戴的。他是法国的民族英雄。为什么呢？因为他将自己的整个生命都献给了他的同胞。

显而易见，如果你想要成为领袖，你就必须为他人服务。

如果你可以为十万人服务，你马上就可以成为他们的领袖。

他们会让你变得富有，让你千古留名。说到这儿，你应该了解什么是真正的商业。不是为了攫取利益，不是为了低买高卖，不是为了从他人那里得到钱财，并不是诸如此类的事儿。而是为尽可能多的人提供更低廉更佳的服务。

服装生产者要代表他的顾客，设身处地地为顾客着想。他必须寻遍全世界，只为找到可以让顾客满意的商品。

制造业者必须代表商品的用户。从用户的角度选择合适的材料。绝不可以制造垃圾。

他要将信誉高高地书写在公司的门楣上。

如果允许我谈到这个已被理智的民众抛弃的词的话，这里你将会了解何为真正的民主。

民主意味着人们为了共同的利益要相互合作。民主并不意味着人与人之间在智力、地位、政治权利和财富等方面是平等的。

民主只意味着我们每个人可以尽情地成长，只要我们不阻碍他人的发展。

民主也意味着能力最强的人要管理能力低下的人，少有的几个极具效率的人应该处于领导地位，这都是为了公众的利益。

我们甚至可以更进一步认为，这种有关领袖的观念是真正的道德的基础，是基督教中最重要的部分，尽管很少有人理解这一点。

"我不是为了被人领导而存在的，而是为了领导他人而存在的。"

# 第十一章
# 奖励忠诚

忠诚比聪明更可贵，因为忠诚意味着没有阴谋诡计。忠诚就是诚实，是信赖。这是人类本性的精髓。忠诚是企业成功的必要因素，而且会为企业带来效益。

**随着年龄的增长，我愈加体会到忠诚的可贵。忠诚，是紧固整个文明的水泥。**

忠诚是封建主义的基本美德，它却被资本主义驱逐出商品经济之外。忠诚比聪明更可贵，忠诚意味着没有阴谋诡计。忠诚是诚实，是信赖。这是人类本性的精髓。

一个人如果没有了忠诚，他会慢慢地变质。即便是他具有巨大的才能，他也只是一个聪明的恶魔，得不到任何人的尊敬。

回想过去，思考一下我们从忠诚中获得了怎么样的恩惠。我依然记得，在我的人生中曾经有三次都是忠诚的朋友救了我的命。因此，你也很有可能得到朋友的帮助。

每一个曾经在丛林或荒野中生活过的人都很珍视忠诚，我们往往会忘记生活在城市里的我们同样需要忠诚。

忠诚并非像我们所想的那样，只是一种军人的美德。这是我们每天都实实在在需要的商业美德。忠诚可以成就一个企业，没有忠诚同样也可以使其毁灭。

没有忠诚，一个公司就变成了许多个小丑在互相愚弄。每一个人都在努力找回真正的自己。

事实上，我知道有一些公司，高层管理者之间以及他们与领导者之间相互倾轧，钩心斗角。他们的工作氛围到处都弥漫着怀疑和憎恨。这样的公司如何能够繁荣？如果一个领导者把自己隐藏在办公室里，抑或是自己把自己架上神坛，在这种情况下，这个公司里还有什么忠诚可言？

如果一个生产商让员工知道自己会将他们视为伙伴，而他又违背了誓言，把公司卖给了对手，这样的公司里又怎么会有忠诚存在呢？

如果一个雇主拥有实心实意为其工作二十年的员工，他却没能给这些忠诚的员工任何回报，没有奖励，没有证书，没有任何形式的公开表扬，这样的公司里又怎么会存在忠诚呢？

有一次，我正在参观一个大型的工厂。我看到一个兢兢业业为公司工作了十二年的女员工被解雇了，仅仅因为她对公司的经理出言不逊。这样的公司里又怎么会有忠诚呢？

是否会有一家公司永远不辞退员工？为什么员工们总是来来走走？就是因为我们没能用忠诚把他们与公司紧密地连接起来。

众所周知，雇用一个新员工需要耗费五十至二百美元，包括对新员工进行培训，工作失误造成的损失，以及这样或那样的花费。

我们也知道，一个没有忠诚的企业，员工通常要用一天的时间来完成半天的工作，工作懒懒散散的。

他们没有热情，没有动力。

由此可见，忠诚是企业成功的必要因素，会为企业带来效益。忠诚与效率同样重要。

对于一个企业而言，忠诚是企业成功的必要因素，忠诚要从领导层开始。忠诚并不会轻易地就在员工中形成。

复仇法则所讲的就是因果循环。如果你想要获得忠诚，你必须先播下忠诚的种子。我所认识的最忠诚的人不是农奴。他是当今世界上最富有的人之一。他就是安德鲁·卡耐基，卡耐基知恩图报，从未忘记过自己所得到的恩惠。在他富有之后，他记下所有曾经善待他的人的名字。只要这些人还活着，他就会把养老金按时送到他们的手上。有些人甚至拿到了养老金却不知道养老金从何而来。

一个人越强大，就应该越忠诚。雇主应该给每一个优秀的员工以荣誉和表扬，一定要将金表送给长期以来为公司服务的员工。

一个高效的方式就是建立彼此之间的友谊。员工们彼此成为朋友。知道这个道理的管理者何其少啊！没有团队合作如何能建立一个优秀的组织？一个没有忠诚和友谊的团队如何进行团队合作？

使员工们成为你的朋友，留住他们。

使顾客成为你的朋友，留住他们。

难道还有比这更实际的政策吗？

一个人真正的朋友来自于他自己的团队，来自于他出生的小镇。这些人既是他的员工，又是他的乡亲。如果对他们不忠诚的话，苍天在上，他还会对谁忠诚呢？

一个人要成为领导者，至少要拥有三种信誉，对顾客讲信誉，对银行家讲信誉，对员工讲信誉。

这三种信誉远比金钱重要。这是商场上的无价之宝。

人类一定要相互合作，相互信任，这是大学教育里被忽略的经济原则。

我们如何能在妒忌、羡慕和背信弃义的土壤上建起文明呢，不管它是哪一种文明？

有两种敌对势力——耶稣和犹大，难道不是一个基于忠诚，而另一个基于对信任的背叛吗？难道他们不是一个具有建设性，而另一个具有破坏性吗？难道这两种力量在商业活动中不存在吗？

因此，我们必须以奖励的方式发展忠诚，在我们的本性中建立忠诚。

为了实现这一目标，我拟定了以下的"忠诚法则"：

（1）以感谢和信誉来回报我所受的恩惠。

（2）不相信有关朋友的闲言碎语和流言蜚语。

（3）欣赏朋友的美德，宽恕朋友的错误。

（4）提高客户的利益。

（5）为我的合作者全力以赴。

（6）与我的员工分享我的成功。

（7）在任何危急关头，在任何痛苦时刻，做大家值得信赖的朋友。

（8）以我的家庭、我的团队、我的种族为荣。

（9）全力承担我对世界应承担的责任。

（10）最重要的是，在他人失败的时候，做他们最忠诚、最真挚的朋友。

第十二章

# 树立远大的目标

人们不会追随一个没有目标的领导人。自我完善，自我发展，拥有一个伟大的有价值的目标，既利己又利人。这是领导艺术中最核心的内容。

**人们不会追随一个没有目标的领导人。**

我们很多人就像是那些每天挨日子的昆虫，东游西荡地混日子。

难道他们不是准备去任何地方？

难道那些没有目标的人不是不计对象，买卖只要做成即可吗？

难道他们不是对他们所做的事麻木不仁吗，只要他们可以得到很高的薪水？

我们很多所谓的领导者没有目标，没有制定明确的政策，这难道不是事实吗？

难道他们不是跟从一帮乌合之众随心所欲吗？

这里我要讲一个故事。故事的主人公就是罗斯伯里伯爵[①]。当他还是一个青年学生时，他就曾宣布他有三个目标——和一位女继承人结婚、在德比马赛中获胜、成为首相。最后，他实现所有的目标。事实上，他所做的远不止这些。他曾三次成为德比马赛的冠军。

这个故事再次印证了人们不会追随一个毫无目标的领导者。

相反，一个目标明确的人很快就会拥有很多的追随者。

一个伟大的目标能够使一个拥有这个目标的人开阔眼界、备受鼓舞、变得高贵。一个人若能够在拥挤的马路上昂首阔步、一往无前，其他人会自然而然地让开道路。

目标明确会给予一个人无穷的力量，专注做事，把他变成子弹头。

很多小人物，虽没有什么本领，一旦有了明确的值得追求的目标后就会变成一个真正伟大的强者。

我们为什么要为在体育场上获得胜利的孩子或运动员颁奖呢？棒球比赛中为什么要有信号旗呢？其目的不就是给参赛者一个目标、一种动力能够让他们做得更好、工作更努力吗？

---

① 罗斯伯里伯爵，真名阿奇博尔德·菲利普·普里姆罗斯（Archibald Philip Primrose），英国自由党政治家，曾任英国首相。

在营销中，不同样也有销售定额吗？也就是制定一个关于来年预期会达到的一个较高的销售额。

为了刺激人们能够积极向上，把事情做到最好，总要有个排序。

还记得在那个神奇的古老传说里，摩西带领着他的人民，历经四十载，穿越蛮荒之地，只为到达乐土！我们永远不要忘记这个古老的传说，因为它可永远适用于每一个伟大的领导者。作为一个伟大的领导者，一定要为追随者指出乐土的所在。

正如丁尼生[①]所说："一个向上的目标是赋予一个人以超人力量的源泉。"

一个决心建造一个伟大的工商业或者金融大厦的人，一个向你展示他的宏伟蓝图的人是不可阻挡的。

福特[②]就是这样一个人。创业之初，福特就为自己确立了一个建造属于自己的汽车品牌的目标；卡耐基在创业之初也为自己定下了目标，要使钢铁的价格降下来；洛克菲勒在创业之初，就下决心要使石油的价格降下来；利弗休姆在创业之初，

---

① 阿尔佛雷德·丁尼生（Alfred Tennyson），英国著名的诗人之一，华兹华斯之后的英国桂冠诗人。

② 亨利·福特（Henry Ford），美国汽车工程师与企业家，福特汽车公司的建立者。

就把为人类提供优质香皂作为自己的目标；丘纳德在创业之初就把为雷门提供快速、舒适、安全的海上交通方式作为目标。

当德雷克完成他的南海探险归来时，曾说过："我们会实践我们所说的，而且我们也已经实现了我们所说的一切。"正因为如此，海员们才跟随德雷克到海角天涯。因为他总会给大家一个远景、一个目标。然后，他会实践他所说的话。

一个人不是因为成为了巨人才有了目标。

每一个野心勃勃的人都应该选择一个可以展示其能力的目标。

其实很多小人物也会做一些小的事情，也会取得相当的成功。

例如在战争爆发之前，居住在法国巴黎的一位快乐的老妇人懂得如何烹调鸭子。来自全世界的百万富翁、国王都会光顾她的小店，因为她做的鸭子的味道无人能及。

每一个商人或者制造商都应该问自己这样一个问题："我的技术或服务是否远近闻名？我是否比我的对手做得更好？"

一个奋斗目标会给人以热情，唤醒人们，努力做到最好。

如果你没有特别的目标，只是随着心情做事，就不会有工作的热情。

**冷漠无情**。几乎无处不在地困扰着很多人，像疾病一样。

冷漠无情意味着失败破产，是死亡的孪生兄妹。在商界中几乎无处不在。

每一个真正的领导者，都应该将消除冷漠无情作为公司的一个奋斗目标。

他一定要向人们展示，生活原本是充满热情的、生动的，是激动人心的。他必须结束半梦半醒的生活。

他要改变那些人没有目标似寄生虫般的几近平淡无味的生活，为人们注入百分百的活力。能为最多的人带去热情的人才是真正的领导者。

**自我完善**！再也没有比这更高的目标了。使自己的潜能能够得到充分的发展。这是成功的要义，道德的宗旨，幸福的根源。这是通向完美世界的道路，也是通向任何世界的道路。

为何如此多的野心家都要立志成为一个领导者呢？因为只有这样，他才能活得更加充实、更加自由。只有这样，他才能施展自己的才华，服务于民众。

自我完善、自我发展，拥有一个伟大的有价值的目标，既利己又利人。这是领导艺术中最核心的内容。

[ 第二部分 ]

二十五位杰
出领导者的
成功故事

## 爱德华·温特沃思·比蒂

肖内西，是加拿大太平洋铁路公司的主席，事业做得很成功。

成为加拿大太平洋铁路公司的头儿！这意味着什么？这个世界上即使有这样的工作，类似的工作也少之又少。

加拿大太平洋铁路公司有很多业务，包括总长达一万八千五百英里的铁路线、总长达十一万五千英里长的电报线路、吞吐量达四十万吨的轮船、资产达两千五百万美元的酒店，其土地的占有面积有几个英格兰那么大，拥有员工十万人，公司的总资产超过一亿美元。

爱德华·温特沃思·比蒂

比蒂只有四十九岁，出生于加拿大一个叫索罗尔的小村庄。他的父亲是北爱尔兰移民，一个乌尔斯特人。他的母亲是哈丽特·鲍威尔，一个英格兰女人。

他受到过良好的教育。他的父亲拥有几艘大轮船，经济条件优越，足可以供年轻的爱德华读完研究生，成为律师。

然而，他对运动的兴趣远远超过对学习的兴趣。他并不是一个好学生，对枯燥乏味的课程完全不感兴趣。

他更喜欢鲜活的事物。

他仰仗自己过人的球技成为足球队的队长。他曾是加拿大最佳的后卫之一，他对手球也很在行。

当他成长为一个大律师之后，他做了一件最明智的事情。他选择加拿大最大、最富有的公司——加拿大太平洋铁路公司作为自己的客户，并且成为该公司律师团中最年轻的一员。

他做的另外一件明智之举是他决定要比任何人都要了解

C. P. R.。他是真正脚踏实地地去了解这个公司。他夜以继日地学习，学习，再学习。皇天不负有心人，他终于成为了C. P. R.的百事通。

很快他就对C. P. R.的所有信息了如指掌。每当有人问肖内西一个有关铁路方面的难题，他会说："去问比蒂吧，他清楚。"

二十八岁时，年轻的比蒂成为了铁路公司的助理大律师。他一路高升，三十六岁时已成为铁路公司的首席律师。

此时，正处于C. P. R.风雨飘摇的时期。作为加拿大最大最富有的公司，所有心怀叵测的人都想要尽力地摧毁它。

政客们，像死神一样，喜欢光亮，数以十计的政客们将箭头直指C. P. R.。一些政治上的扰乱分子组成了常委会，开始了对铁路公司的大规模攻击，仿佛它的成功已经对社会造成了威胁。

年轻的爱德华·比蒂勇敢地站出来，保护C. P. R.。但是糟糕的是，他一点儿名气也没有。名人榜上根本找不到他的名字。他的身材瘦小，说话也不流利。

起初，那些委员们把他看作是对他们的尊严的蔑视。但是调查开始后，他们很快就发现自己已被驳得体无完肤。比蒂寸步不让并且采取主动出击。他最终以无可辩驳的事实打败了他们所有的人。他并非伶牙俐齿，也不是聪明过人。他没有无中生有，只是摆事实、讲道理。他用精确的数字说话。

他赢了，因为他采用了科学的方法。他用不可否认的数据打败了他的对手。

今天，他已经成为了铁路公司的领导。他正在向大家证明，他不但是一名伟大的律师也是一个伟大的管理者。

爱德华·比蒂成功的秘密就是他对真相永无休止的探求。他拥有坚忍不拔、绝对忠诚、总爱较真的精神。

他是一个执着的读者，口袋里总装有一本书或一份简报。他对社交生活关心很少，一直单身，他唯一感兴趣的就是C. P. R.的福祉。

他长得有些像大卫·比蒂。他喜欢歪戴着帽子，像大卫先生一样。他有一双敏锐且具有穿透力的眼睛，仿佛可以看穿一个人。他有些沉默寡言，很谦逊。他一心只想着工作。

他坚信强度生活。正如他在一次采访中曾说过："今天我们所关注的不应是生命的长度而是生命的质量。"明智的人会集中所有的力量，抓住每一分钟。

我所要做的就是在尽可能短的时间内成就最大的事。

# 卢瑟·伯班克

伯班克是加利福尼亚有名的植物"巫师"。他培育的鲜花和水果种类品种最多。他是当之无愧的"园艺之王"。

卢瑟·伯班克的雕像

他培育出了无刺的玫瑰和仙人掌。

他培育出的马铃薯硕大，樱桃无核。

他培育出的大滨菊花形大，开得鲜艳，纯净洁白。

他将科学的管理应用于园艺工作之中，成果震惊世界。

他培植了几十种优良的新的水果、鲜花、蔬菜、低矮的灌木及其他的物种。

他是园艺界的爱迪生，是世界上土壤和农产品领域里的权威。

辞世时，他已是七十六岁高龄的老人，瘦骨嶙峋，胡须短小洁净，头发花白，目光慈祥。

像很多伟人一样，伯班克出生于一个贫寒之家。他的父亲是一个英美混血儿，在新英格兰的一个贫瘠的农场工作，薪水只能艰难地维持生计。

可怜的小卢瑟没有钱，身体又不好，没怎么上过学，也没有任何特长。

他并不认为自己是一个天才。刚开始的时候他四处漂泊，只为能够勉强混个温饱。

他曾在一家制犁厂工作，每天的薪水只有五十美分。之后他在一家家具店找到了一份稍微好点的工作。

但是很快他就发现自己对于制造和销售一窍不通。他又立志做一名医生，开始学习医学。

在他二十六岁那年，一次中暑差点要了他的命。

又病又穷又没有朋友，他只身来到了加利福尼亚。他没有生意，没有手艺。他只会做些农活，除此之外，什么也不会。

起初，他什么工作也找不到。他通过帮助人家打扫鸡舍挣些小钱才不至于被饿死。

后来，他终于找到了一份工作，在一个花圃里做帮工，但是工资很低，租不起房，只能睡在花房里。

由于生活条件恶劣，他病倒了，发高烧。一个好心的穷婆婆救了他，在他生病的几周时间里，好心的婆婆每天给他送一品脱牛奶，他才好不容易捡回了一条命。

他身体恢复之后，很快就找到了一份好一点的工作。他把大部分的工资积攒起来，买了一个小小的苗圃。

紧接着他的第一个机会就来了。一个富有的果农出一大笔钱想要找一个人，能够在十个月的时间里为他提供两万株修剪好的树苗。

所有的园丁都说："不可能。"

没有人愿意接下这样一个艰巨的任务，除了伯班克。

他用六个月的时间为果农提供了一万九千零二十五株树苗，取得了惊人的成绩。他最终赢得了胜利。更让人惊喜的是，很快他就声名鹊起，成为了全加利福尼亚最优秀的园丁。

他的苗圃也跟着红火起来了。加利福尼亚圣罗莎海岸的"伯班克实验农场"很快就蜚声世界。

在他人生的最后的十一二年，一些富人给过他一些帮助。但是在他早年的时候，除了那个救了他性命的穷婆婆之外，没有一个人帮助过他。

他的身体一直很虚弱。早在二十五年前，医生就告诉过他，他只有十八个月的生命了。但是伯班克只是微微一笑，到大山里度过了三个星期的假期。

在四十多年的时间里，他每天都要工作十到十四个小时。正是凭借着这一点，他成为了园艺界的"巫师"。

他从不相信神话或命运。他认为，他成功的秘密就是艰苦的劳动和不屈不挠的精神。

他研发了几种新型的李子树品种，有黄金、威克逊、苹果、十月、美国、查尔科、圣罗莎、法摩沙及克莱马克斯。

他培育了一些新的西梅品种，有格兰特、光彩、蔗糖、标准和无核。还有一些新的玫瑰品种，有桃红、绚烂、伯班克以及圣罗莎。

他又接连培育出了很多其他的，比如苹果、桃、干果、浆果、草、谷物以及蔬菜等的新品种。

他创造了一种全新的水果品种——李杏。

每一个新品种的诞生，他都要做六千多次的实验。每年他都要种植一百万株植物以满足实验的需要。

虽然他所受教育不多，他却是冰岛斯坦福大学的最有名的教授之一，主讲进化和教育。

他将自己的研究方法和发现编写成书，共计十二册。

他一心扑在工作上，以至于直到七十一岁高龄时才结婚。他的苗圃是他的事业，更是他的亲人。

伯班克对植物及其无限的可能性甚为痴迷。他喜欢把小草或者普通的小植物培育成高大的植物。

他喜欢向自然展示一种进化的捷径，一种更快的途径。

他把自己的苗圃变成了一所研究园艺的大学。他揭示了植物和树木的培育的秘密。

他发现，植物与人极为相似。有一些是可教的，而有一些却是不可教的。例如：有一种棕榈树从未发生过任何改变。它们没有任何提高，执拗地反对任何形式的更好的生活。

伯班克对于教育有着独特的见解。他不赞成填鸭式的教育方法。他认为，孩子至少要到十岁才可以对其进行书本教育。孩子们首先应该在苗圃里学习，在花园里学习，在田野里学习，在操场上学习。

他说："强迫幼小的孩子在教室里接受早期智力开发，这是违背自然规律的犯罪。"

伯班克从未旅行过。他也没有时间去旅行。但是，来自世界各地的智者千里迢迢地来到圣罗莎拜访他。

他的一生取得了巨大的成功。他从一贫如洗、贫病交加，最终登上荣誉、财富和为国民服务的巅峰。

除了一个穷婆婆以上帝的名义送给他几品脱牛奶之外，很少有人给予他帮助。

## 理查德·伯比奇

理查德·伯比奇

1860年，一个十三岁的小男孩，身体并不强壮，买了一张通往八十多英里外的伦敦的车票，从英格兰威尔特希尔的一个农庄独自踏上了列车。他坐在三等车厢里，那时候三等车厢还是敞篷的，仰头可以看见天。

他的父亲几周之前去世了。他的妈妈要在一间小房子里抚养十个孩子，这个少年被送到大城市伦敦做学徒。

他的妈妈付给牛津大街的一个杂货铺老板五百美元作为少年四年的学费。工资根本谈不上。杂货铺老板只给他提供一张床、三餐饭和每周十二美分的零花钱。

第一个假日里，男孩去参观了水晶宫。给他留下的印象难以言表。他被深深地迷住了。他受到了莫大的鼓舞。那是他一生中最美好的一天。五十二年后，当水晶宫就要被不懂得其价值的一代人毁掉时，这位伟大的英国商人静静地站出来花了一百六十万美元为后代买下了水晶宫。

他买下它也为了纪念他印象深刻的第一个假日，当时他还只是一个贫穷的学徒工。

他就是理查德·伯比奇先生。

他事业非常成功，不仅是市长，更是一位商业领袖，建造了不列颠岛上最大的商场。

伯比奇几乎没有上过学。他也没有富翁朋友。跟很多人一样，也没有运气。他从未有过不劳而获的幸运。

他从未要求过施舍和救济。最初，他唯一的资本就是他自己。他唯一的优势就是他多才多艺的母亲。他的母亲教他工作。她要为一个十二口之家操劳，做面包、黄油、乳酪和培根，还要洗洗涮涮。她以她自己的方式高效率地完成了每一件工作，就像她聪明的儿子一样高效。

年轻的理查德天生是一位商人。

十二岁那年，他用六美分买了五个小圆面包，然后又以每个两美分的价钱卖出去。

作为一个学徒，他无疑是成功的。他与老板成了终生的朋友。但是，他从未浪费过一分钟。到了十八岁那年，他就开了一家属于自己的小杂货店。

他经营这个小店长达十六年之久，但他一直都在研究，如何才能经营一家出售各种商品的综合性大商场。

1881年，他卖掉了小杂货店，成了陆海军军需用品店的经理。不久之后，他又从四百个申请者中脱颖而出成了怀特利商场的经理。

他在怀特利一直工作了九年。为了实现他一生的梦想，1890年他又进入哈罗德公司工作。

那个时候，哈罗德公司是一个有限公司，拥有资产七十万美元。伯比奇先生使这家公司不断壮大，到了1906年公司盈利已经超过七十万美元。1924年，盈利又翻了三倍多。

1917年，公司七千多员工为他在皇家艾伯特大厅举行盛大集会，这也许是他一生中最骄傲的时刻。

谈到他取得成功的秘诀，那就是再普通不过的追求效率，泰勒和其他人也提到过这一点。

理查德先生知道如何组织、如何计划、如何挑选有才能的员工、如何才能更好地为民众服务。

他给经理们以独立行事的权力，并要求他们为自己的行为负责。他不搞繁文缛节。

他的习惯是每天早上五点三十分起床，这个习惯是他在农场工作时养成的。早餐前他会骑一会儿马。八点三十分他会开始在商场办公，一直工作到下午六点三十分。他七点钟到家，吃晚饭，然后再跟孩子们做会儿游戏，晚上八点三十分准时上床休息。他一生都反对不守时。

在他还是一个年轻人时，他就为自己订下了以下的八条原则。

（1）坚忍不拔。

（2）适度抽烟、饮酒等。

（3）行为果断，守时。

（4）谦恭有礼。

（5）不要频繁跳槽。

（6）决不轻视任何一个人。

（7）绝不强买强卖。

（8）绝不损害员工的利益。

尽管他自己每天都工作十个小时，但是他相信效率原则。他为员工设立了星期六半天的休假制度。他要把公司变成一个乐园。他总能想出新的吸引人的计划。

曾有一次，他率领一万两千人从伯恩茅斯来到一个特殊的销售市场。他承包了火车，出售廉价的火车票。

他为员工安装了第一部电梯。

他开创了免费送货上门的先河。

他把电话销售引入到经营之中。

他为顾客提供了餐厅和阅览室。

推陈出新是伯比奇的一贯政策。他的商场总是具有旺盛的生命力。

他的员工个个都非常敏锐，头脑清醒。

伯比奇一生坚决反对愚蠢、停滞不前、粗鲁、麻木不仁。他做得一直都很成功。

他创立了不列颠岛上最大、最有名、最漂亮的商场。

他的婚姻很幸福，娶了家乡威尔特希尔附近一位美丽的女子为妻，人称"美丽的伍德小姐"。

战争期间，他工作极其辛苦，被各种责任弄得不知所措，但是他都欣然承受。

他向前线输送了三千二百名员工。训练女工接替男子的工作。就像战争中很多人一样，他用一半的员工完成了双倍的工作。

1917年，重压之下的他身体垮了。他对女儿说："我累了。"他坐在摇椅中，安静地离开了人世。

理查德・伯比奇先生是一个伟大的人，也是一个伟大的商人。正如斯托・孟席斯夫人在伯比奇的传记中写道："他是一个永远不会忘记老朋友的人，他是一个知恩必报的人。他拥有数不清的财富、成功和荣誉，但是他并没有因此而迷失自我。他工作了五十七年，最后死在了自己的工作岗位上。他留给亲人和员工伟大的人生财富。"

# 吉百利兄弟

吉百利

全世界都听说过吉百利兄弟。兄弟二人，一个叫理查德，另一个叫乔治。理查德先于乔治二十多年去世。乔治一直活到1922年。吉百利公司现今有员工八千五百人，每一个人都很平凡。

虽说可能会有小小的摩擦，但是吉百利公司的员工从未有过任何形式的罢工。

这是全球最大的可可公司。同时它也给众多的煤炭、棉花、造船等领域的公司领导提供了很好的可参考的经验。

我相信，不管是在美国或是欧洲，没有哪一个公司像吉百利公司这样如此关注领导艺术的发展。

说起惠特利委员会！吉百利兄弟早在五十年前就拥有了一个这样的委员会。

再说一说福利保障吧！吉百利公司历来都亲力亲为，从不假手他人。

他们走访生病的员工，他们与员工们一起游戏、一起祈祷、一起劳动、一起商量。他们本就具有同情心，根本不必请专业同情者。

理查德出生于1835年，两年之后，第一列火车开进了伯明翰。乔治出生于1839年。他们的父亲八十八岁去世，在伯明翰的很多慈善事业中担任领导职务长达五十年之久。

所有的吉百利家族的成员都是教友派信徒，有二百多年的历史了。他们一直都是先锋队员。他们一直反对奴隶制度，反对酗酒，反对军国主义，反对各种形式的压迫。

他们一直都是平民百姓、没有贵族、没有地主，甚至在早期的时候，连先生、夫人这样的称呼都没有，他们只是称呼理查德、乔治、玛丽和伊丽莎白。

1861年，兄弟俩合资开办了一家小型工场。刚开始的三年时间里，他们一直赔钱。兄弟二人就更加努力地工作，1864年，兄弟俩的工场终于有了起色。他们第一次盈利了。在我看来，吉百利兄弟公司成功的秘密就在于他们将两件好事情有机地结合在了一起。

（1）传统的美德。

（2）新型的管理模式。

他们勤劳、守时、值得信赖、一丝不苟、真诚善良。

他们创造了很多个第一。他们是第一个把糖果装在精致的盒子里出售的公司、第一个在本行业中采用机器记账的公司、第一个拥有完整的企划部的公司等。

1879年，他们从波宁顿搬到了伯恩村。为什么？只为了给员工提供更好的工作环境。

一名吉百利家族的成员在他的日记中写道："我们思虑再三，我们认为我们的员工把他们人生中大部分的时间都放在了工作上。我们只是希望为他们提供宜人的工作环境、美丽的风景、悦耳的声音，使他们少一些乏味和烦闷。"

他们的目标就是网罗一批有能力而且很懂得满足的人为大众生产可可和糖果。

在伯恩村，他们用一半的土地来建造房屋和工厂，用另一半的土地建造游乐场。他们修建了英国最棒的工人体育馆。他们修建了学校和俱乐部。他们在女生食堂安装了管风琴。他们为在职员工修建了一千个农庄，为付不起房租的老职工修建了三十三所漂亮的小屋。

由于酷爱运动，他们还经常和员工一起打板球，为工厂的男孩子购买了第一辆自行车。

他们热爱园艺，他们喜欢马、狗，他们喜爱孩子。他们的事业一半是游戏，一半是宗教。

他们总是很单纯、很人性化。每个早晨他们都会把员工召集到一起，唱赞歌，做简短的祈祷。

他们总是量力而行。他们把财富视为责任，而不是特权。

有一次兄弟中有一个人在伯明翰的一条街道上，看见一位可怜的妇人正努力地推着一辆煤车。他立即停下来，帮助她把煤车推回了家。他这么做只是因为他乐于助人。

吉百利家族一直开办学校，有工厂学校，有星期日学校。他们不但是真正的劳动者，也是真正的金融家。

千万不要忘记，他们成功的秘诀是：

（1）传统的美德。

（2）新型的管理模式。

# 安德鲁·卡耐基

安德鲁·卡耐基

如果有人问我："谁是这个世界上最有能力、最慷慨、最有创造力、最独立的人？"我一定会说："安德鲁·卡耐基。"

如果没有捐出三亿美元的话，他应该是这个世界上最富有的人。

卡耐基的一生都恪守这样一个信条：得到的越多，给出的越多。也许除了洛克菲勒先生之外，他比任何人做得都多。

卡耐基于1835年出生于苏格兰邓福姆林的一个小村庄。他的父亲是一名纺织工人，穷困潦倒，也是当地的工人领袖。

那个时候他还是一个十岁的孩子，攒了足够的钱，买了半盒橘子。他骑着小车，走街串巷，卖掉了橘子，赚了一些钱。

卡耐基十三岁时，由于找不到工作，他们举家移民到了美国。他们坐上了一艘小型的纵帆船，在海上航行了四十九天。

到了美国，小安德鲁马上就找到了一份工作，在电报公司做摇线童，每周可以赚到一美元二十五美分。他的父亲也在棉花厂找到了一份工作。他的母亲就帮人家洗洗衣服贴补些家用。

当时他们就住在后街，那里是有名的赤足广场。

几个星期以后，安德鲁就被提升为司炉，每周可以拿到一美元七十五美分的薪水。一年以后，他就成了一名送报员，每周可以拿到三美元的薪水。

他几乎没有上过学，但是他热爱读书。他对书的热情吸引了一个善良的人——安德森上校的注意，上校同意安德鲁使用他的私人图书馆。

这个图书馆成就了卡耐基，使他由一个无名小卒成长为一个领袖。

十七岁时，他自学发报。有一天，操作员不在，恰巧这时来了一份重要电报。安德鲁跳到机器前，把电报抄录下来。这原本是违反规定的，他却立刻得到了提升，成了一名发报员，每周可以拿到六美元的薪水。

两年以后，他又一次救了急，免除了一次铁路事故。这次也是不符合规定的，他却因此而被升为铁路公司经理的秘书。

他把薪水都积攒起来，买了各个公司的股票。他在铁路公司做总经理的助手，一做就是十年。

安德鲁非常富于创造力。其他人还在思考时，他已经行动起来了。例如有一次，威尔士王子访问匹兹堡，年轻的卡耐基跑到王子面前，对他说："你想坐上火车看一看吗？"于是，未来的英国国王和未来的钢铁之王坐在机车的车厢里完成了一次愉快的旅行。

二十七岁的时候，石油股帮他赚到了第一桶金——一千美元。通过支持普尔曼公司的股票，他又赚了很多钱。普尔曼公司是第一个在火车上设有卧铺的公司。

二十九岁的时候，他花了九千美元买下了一家小型钢铁公司六分之一的股权。

当时，这个钢铁公司的运营状况很糟糕，根本拿不出股息，公司徘徊于破产的边缘。

另外一个股东对公司的前景完全失去了希望，于是卡耐基就买下了整个钢铁公司。他还在独自坚持。他说："我们所需要的只是多一些业务。"为此，他放弃了铁路公司的工作，成了一名钢材推销员。

他以不错的价格拿下了一些较大的订单。他又投入新增了一些更好的机器设备。他像着了魔似的疯狂工作。

很快他就富起来了，但是他并不满足。他要做得更好。

三十一岁时，他在英国参观，在德比他看到了一段铁轨。在谢菲尔德他第一次看到了贝塞麦转炉，并被它深深地吸引了。

他马上回到美国，建立了贝塞麦转炉工厂。他四处找人借钱，借遍了所有认识的人。他将自己的一切都压在了钢铁上。

到了1881年，卡耐基成为了世界上最大的钢铁生产商，拥有四万五千名工人。

1889年，他想要卖掉公司，要以一亿五千五百万美元的价格卖给他的合作伙伴。但是由于他们犹豫不决，动作缓慢，所以卡耐基就准备以两亿五千万的价格卖给洛克菲勒公司。洛克菲勒说"太贵了"，于是卡耐基决定竞卖。他又一次实践了自己的座右铭。

他让对手相互竞争，直到他们决定不惜任何代价买下他的公司。他们用股票和证券的形式付给卡耐基四亿五千万美元。

顷刻间，他就成了全世界最富有的人。他一年的年金可达一千五百万美元。"啊哈，"他说："我终于跳出了商界。"

总的来说，作为一个商人，他的政策可以总结如下：

（1）大规模生产。

（2）最优良的设备。

（3）全神贯注。"把所有的鸡蛋都放在一个篮子里，"他说，"然后盯着那个篮子。"

（4）忽略细节。他经常遥控管理公司。

（5）旅行。他坚信一定要与时俱进。

（6）认真听取各部门经理的当日汇报。

（7）给公司经理以低薪重任、可观的股权。

（8）将公司的盈利再次投入公司运营。

（9）重视化学和机械。

（10）高工资，高利润，低消耗。

在他所做的慈善事业中，他一直坚守一个原则，帮助那些自助者。他从不资助那些自暴自弃者。他不相信普通意义上的慈善。

他建立了三千家图书馆，这样人们就可以像他一样通过读书来不断地提高自己。为了建造这些图书馆，他耗资近六千万美元。

在说英语的这块土地上，向亿万人民敞开知识的大门，再也没有比这更英明、更高尚的行为了。

他捐资五千万美元进行科学研究，捐资两千五百万美元建造技术学校，捐资一千万美元给苏格兰大学。

他还在海牙建造了一座和平寺院——一座雪白的大楼，白得使整个世界都相形见绌。

他唯一的奢侈就是旅行，他一直认为旅行是商业的必要组成部分。

他对食物一点儿也不挑剔，他身轻如燕，身高也只有五英尺四英寸。他的体重不超过一段四英尺长的铁轨的重量。

从一开始，他就视商业为一种游戏。我们大部分人都在为钱所累，而他从不让金钱左右自己。

他有一颗童心，对事物充满了好奇和热情，行动迅速。他的大脑中总会冒出一些有关人类进步的新鲜的想法。

他不像我们普通人那样好面子。我就曾看到过他蹲在图书馆的地板上，在他纽约的家里，在地板上摆放图表和文件。

他一点儿也不在乎外表。一心只想着怎么玩游戏，怎么才能赢。

他的兴趣很多，钢铁、图书馆、和平、民主。从某种程度上来说，也包括科学和音乐。

他对于书有一种热情。他曾经说过："如果有机会再活一遍，我宁愿做一名图书管理员。"

他憎恶古板的服装和时尚的社会。他尽力躲避富人的社会。

他五十二岁结婚，妻子一心操持家务。他们有一个女儿，一个乖巧的女孩。女儿二十二岁的时候嫁给了一个年轻的美国铁路公司经理。如果女儿嫁给了公爵的话，相信卡耐基一定会心碎的。

他是一个好老板，总是第一个给员工涨工资。他不会责备霍梅斯特德罢工。他也从不用削减工人的工资的方式来节省成本，而是通过改善机器设备来节省成本。

他所赚的钱难以计数，但是每一分钱都是干干净净的。他从没有剥削任何人。他通过其卓越的领导才能赢得了这一切。他出生时，一磅钢铁二十五美分。后来，他却将钢铁的价格降到了一磅1.15美分。

他是一个资本家。他没有抢过任何人。他为工人们涨工资，改善工人的工作环境，创造了更多的就业机会，降低了钢材的价格。他所做的事业造福了整个世界。

他从邓福姆林的一个小村庄开始了他的人生旅程。

这就是卡耐基的史诗，勤劳的苏格兰人民中一个伟大的人的史诗。

# 塞勒斯·H.K.柯蒂斯

下面要讲述的这个故事的主人公靠三美分起家，如今已经拥有数百万资本。

他全力以赴只为提升新闻业和广告业的质量标准。

他已经七十六岁高龄了。他的名字就是塞勒斯·H.K.柯蒂斯。他是很多报纸的主人，如《星期六晚邮报》《女子家

塞勒斯·H.K.柯蒂斯

庭杂志》《乡村绅士》《费城公共总账》《纽约晚邮报》。他的《星期六晚邮报》每份售价五美分，发行量已经超过每周二百六十份。

他的《女子家庭杂志》的发行量也已经超过了每月二百份，每份售价十美分。

仅广告收入这一项就已经达到了每年约六千五百美元。而这其中没有一分钱来自于酒类广告、万能药品广告，或者任何

种类的垃圾广告。

他是世界上最成功的出版商之一，在他所主办的杂志和报纸中没有绯闻，也没有虚假广告。

他的父亲出生于1850年，是一名油漆工，住在缅因州波特兰市的一所小木屋里。

在他十二岁的一天，他想跟妈妈要一些钱买鞭炮。

他的妈妈说："如果你想要钱的话，就自己去赚吧。"

当时他的口袋里只有三美分，就去买了三份《天天导游》到街角上卖。一天下来，他赚到了六美分。那个时候，他还是个小孩子，虽然不十分强壮但是动作很快，很快他就成了一个非常出色的报童。

他大概卖了一个月报纸之后，产生了第一个经营理念。他跑到经理的面前，要求信贷。"如果你能给我信贷至明天早晨，"他急切地说，"我就能带着一大摞报纸到河的对岸普雷布尔城堡去卖掉。"

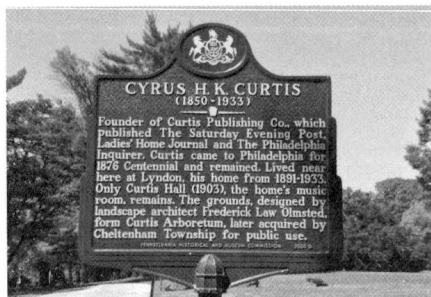

塞勒斯·H.K.柯蒂斯纪念标

经理答应了他的请求。紧接着，年轻的柯蒂斯就先带着他的报纸，溜出边门。他来到了普雷布尔城堡，为《天天导报》开辟了一个新的市场。很快，他每周就可以赚到2.5美元，这已经是当时一个大人一半的薪水。

第二年，他十三岁了，创建了一份属于自己的报纸。这是一份只有四页的男孩报纸，名为"年轻的美国人"。每周的销量有一百份。他花了三美元买了一台手动的印刷机，他一直做得很好，直到一场大火把一切烧了个精光。一分保险金也没有。

《年轻的美国人》就这样被付之一炬。

接下来六年的时间里，他都在一个绸缎庄工作。

在此期间，他一直默默无闻，差不多忘记了自己的天赋和能力。

二十岁时，他又回到了新闻业。有人给了他一份工作，为波斯顿一个几近倒闭的报社招揽生意。有一天，灰心丧气的报纸老板提出想要以二百五十美元的价格把报社卖给他。柯蒂斯拒绝了。"那么，好吧，"老板说，"分文不取，送给你了。"柯蒂斯答应了，而之后的五年他真的希望他没有接下这份报社。这家报社已经毫无希望可言了。二十五岁时，他关掉了报社，结婚后搬到了费城。

正是他的婚姻给他带来了事业上的第一个成功。他创建了另外一份报纸《论丛》。一天，他的妻子唤起了他对"女性版面"的关注。"谁来写女性版面呢？"他的妻子问道。"我写。"柯蒂斯回答。他的妻子说："这个听起来有些可笑。""哦，"聪明的柯蒂斯说，"好像是这样的。那你愿意帮我写女性版面吗？"他的妻子答应了。他妻子写的女性版面马上就成了这份报纸最精彩的部分。很快整个报纸都变成了女性报纸，被命名为"女子家庭杂志"。今天，这份杂志的发行量已达二百万份，是所有女性杂志的领头羊。

柯蒂斯发现他的生意发展太快，资金已经明显不足了。他需要更多的资金，仅靠银行贷款还远远不够。

此时，一个广告商N.W.亚依向他伸出了援手，成了他的合作伙伴。亚依是第一个真正欣赏柯蒂斯的人。他不但借给他二十五万美元，而且还为他提供价值超过十二万五千美元的纸张。

仅用了十八个月，柯蒂斯就还清了所有的贷款。N.W.亚依公司现今已是全球资金最雄厚的广告公司。

柯蒂斯先生成功的原因之一就是他从不对自己所取得的成就沾沾自喜。他的原则是永不止步。他从不躺在功劳簿上睡大觉。

因此，《女子家庭杂志》一取得成功，他又收购了一家小型的周报《星期六晚邮报》。该报纸是由本杰明·富兰克林创建的，但是这份报纸没有任何其他资产。柯蒂斯花了一千美元买下了它。当时这份报纸已经名存实亡，毫无复活的希望了。但是柯蒂斯坚信他有能力使其复活。

每一个人都嘲笑他买了一家名存实亡的报社。可是柯蒂斯有自己的新想法。在1897年的时候，柯蒂斯被一本名为"卡路美特·K"的书所吸引，书的作者是一名新闻界人士。这本书讲述了一个商业传奇，使他开阔了眼界。这本书让他了解了商业不仅是世界上所有活动中最有意思的，也是最有用的。

起初，他的计划并不奏效。一直亏本，他差不多赔光了自己所有的钱。在这家报社出现转机之前，他已经损失了一百五十万美元。

今天，这份报纸是世界上最盈利的出版物。它自成一派。每一页价值八千美元。这份报纸拒绝接受近一半的广告。

该报纸单期所包含的广告收益就达一百万美元。

然后，他又买了一份效益不好却很令人骄傲的报纸《乡村绅士》。这份报纸出身名门，订阅者却寥寥无几。经过他的努力，报纸终于达到了每星期六十万份的发行量。然后他又马不停蹄地收购了《费城公共总账》，这份报纸也是历史很长但是经营状况不好。据我猜想，他收购此份报纸的真正原因是一本书。他在伦敦参观时，有人送了他一本书叫"约翰·德莱恩的一生"。德莱恩是时代杂志社所有编者中最杰出的一位。他特立独行，是一个"启蒙者"。

德莱恩的人生经历给柯蒂斯留下了深刻的印象。他为旗下的每一个记者和编辑都买了一本。

《费城公共总账》复活了，到了今天，报纸已在美国的每一个城市销售。就在最近，他又收购了《纽约晚邮报》，并把他的新思想注入其中。

从形象上看，柯蒂斯先生身材矮小，目光慈祥，举止从容。留着一撇传统的胡须，剪得很短，很精神。

我们无法对其进行分类。他既老成又年轻，他既是资本家也是劳动者。他不属于我们常说的三六九等中的任何一类人。

他对待生活认真，却远离炫耀和仪式。如果是参加会议，他会坐在后面。如同父亲一样，他简单而又人性化。

对朋友，他是一个可爱的人，总能带给人惊喜。几年前在几次宴会上，我有幸坐在他的旁边。我们俩也是美国午餐俱乐部的合作发言人。我发现他的生命中充满了快乐。他心态平和，英明睿智。从很大的意义上讲，他是一个真正的绅士。从不耀武扬威、自鸣得意。

说起爱好，他有很多。他喜欢工作、开玩笑、吸烟、跳舞、读书、旅行、演奏乐器、去教堂等。他也很喜欢开游艇。他喜欢孩子。

每当他遇到难题时，他都会像西奥多·N.韦尔那样一个人玩纸牌游戏。

一旦好的习惯已经确立，他不会执着于细节。在他看来，他的主要任务就是提出改进的建议，开辟新的工作类别。

他是无党派人士。

他从不会忘记别人给予他的恩惠。很久以前，他在经营那家小型的几近倒闭的报社时，一个叫阿伦的苏格兰印刷工人曾给过他帮助，却分文未取。二十年后，柯蒂斯听说阿伦在一个很远的城市里遇到了困难，需要帮助。他马上出发，经过了一千五百多英里的长途跋涉，终于在一间小阁楼里找到了阿伦。柯蒂斯给了他一张支票，帮助他解决了以后所有的经济问题。

# 托马斯·A.爱迪生

托马斯·A.爱迪生

爱迪生出生于俄亥俄州一个拥有英荷血统的家族。他的父亲是一个农民，也是一个谷物经销商，但是经营状况一直不太好。

大约八岁的时候，爱迪生上学了。三个月以后，老师把他送回了家，理由是爱迪生实在太笨了，孺子不可教。

自那以后，爱迪生再也没上过学。他的妈妈是一个聪慧善良的女人，就自己在家教爱迪生学习。

在他人看来，爱迪生一直都是一个古怪的孩子。在他六岁的时候，有人发现他坐在鹅蛋上面，正努力地想孵出小鹅来。

还有一次，他在谷仓里做一个大型的实验，结果却把谷仓烧掉了。为此，他挨了父母一顿痛打。

爱迪生对化学一直情有独钟。他在家里有一个实验室，里边有二百多个玻璃瓶子。他给每一个瓶子都贴上了"毒药"的标签，这样，就没有人会去碰这些瓶子了。

十四岁时，他成为了一名报童，在火车上卖报纸和杂志。他在火车上也有一个小实验室。不料，他把火车也点着了，警卫很生气，给了他一记重重的耳光，并把他连同他的瓶子一起扔下了火车。从此他就再也听不到任何声音了。

十六岁时，他在加拿大做了一名报童。由于更加省力的机器的发明，老板嫌他慢，所以他又丢了工作。

他一连丢了三份工作，都是由于同样的原因。

二十三岁的时候，他闯荡到了纽约。当时他身无分文。在电报公司找到了一份发报员的工作。这是他的第一个幸运。

因为他会修理那价格不菲的破机器，他的收入还算不错。

第二年，他发明了一台发报机。因为当时他对自己这个发明的价值还没有什么概念，就以四万美元的价格卖给了西联电报公司。

**爱迪生发明的留声机**

他用四万美元开办了一个机械商店。

1873年的时候，他第一次去英国，也卖掉了一些他的发明。

一家英国公司出资"三万"要买他的一个专利。爱迪生以为是三万美元就同意了。结果，让他惊喜的是，他收到的钱是他预想的五倍。

爱迪生是世界上最有才华的发明家。他的发明专利超过一千多项。

他是半个多世纪以来的职业发明家。

他是所有研究人员中最坚忍不拔的一个。他比任何人都勤奋，比任何人休息都少。他不在乎金钱。他吸烟，嚼烟，不喜欢新衣服。他有三十年没有量身定制过新衣服。有一次，一个裁缝给他量尺寸，他就直接告诉裁缝，"我要挂钩上的那套衣服"。

在他的一生中，有过很多次失败，也有几次巨大的成功。有一次，他花了两年的时间，用两百万美元研究出来的发明，结果却没有什么价值。

他不太计较荣誉。一所英国大学授予他一份荣誉，他甚至懒得去领取。有一次，他在纽约得了一个金奖。他把奖杯丢在了回家的渡船上。"不要紧，"他对妻子说，"楼上还有好几夸脱呢。"

他最后一次到法国，是因为他被授予了荣誉军团的十字勋章。他接受了十字勋章，但是当有人给他披绶带时，他拒绝了。

他的发明给全世界的人们带来了舒适和幸福。事实上，他的一生都献给了社会服务事业。

爱迪生从未有一刻偷闲。即便是玩的时候，他也依然在研究。有几次，我看到他在新泽西的狭长的实验室里不停地钻研、钻研、再钻研。

非常特别的一件事就是，爱迪生从不轻易相信任何事，除非他证明了那件事是正确的。关于人类的言行，他有太多的疑问。

在他的图书馆里，有超过一万本图书，大部分都是关于科学方面的。然而，在他通过实验证明之前，爱迪生从不轻易相信书中的任何一句话。

在他的工作中，书只是他研究的起点，而不是终点。

他穷其一生研究那些前人没有研究过的领域。

毫无疑问，爱迪生是非常卓越和勤劳的人。

他憎恨懒惰，把它视为万恶之首。

即使他会聘请一个愚蠢的人也不会聘请一个懒惰的人。

爱迪生质疑一切。他不喜欢华而不实的人。无论做任何事

113

情，他都要刨根问底。他穷其一生之力寻找真理。

# 迈克尔·法拉第

迈克尔·法拉第

1796年的伦敦还不能算是一个大城市，伯蒙德也不能算是伦敦市里的一个大地方，更别说伯蒙德的雅各大街和雅各大街上的车马出租所了。

在一个车马出租所的上面有几间出租的房子，有一个约克郡的铁匠带着四个孩子住在那里。其中有一个非常安静的小家伙，只有五岁，叫迈克尔。父亲的名字叫法拉第。

看起来并不是很好的人生开端，是吗？然而这个小迈克尔长大后成为了电子科学界的一位巨人。

他是世界上最深邃的思想家之一，在很多方面都是那个时代最著名的科学家。

甚至还远远不止这些。他是从我们人类中脱颖而出的最朴素、最和蔼、最高尚、最可爱的人。

也许在天堂里一个安静的角落，有一些志趣相投的人正聚在一起讨论宇宙法则，有牛顿、富兰克林、达尔文、华莱士、赫胥黎、巴斯顿和坐在大家中间的法拉第，他的脸上闪耀着光芒，正在向大家讲述如何给孩子们解释科学事实。

年轻的迈克尔·法拉第并不是出身于富贵之家。很多时候，由于吃的东西太贵，而铁匠的工资太低了，他甚至连吃饭的勺子都没有。实际上，他的妈妈每周只能给他一块面包，这就是他所有的一切。

小法拉第几乎没有受到任何教育。他刚一学会走路就不得不帮着家里干活挣钱了。

值得一提的是，法拉第，这个英格兰最有学问的人之一，在到牛津大学教书前，根本没有见过牛津大学的样子。

十三岁时，年轻的法拉第幸运地成为了一家书店的店员。在这里，他第一次有了读书看报的机会。

十四岁那年，是美好的一天，他偶然找到了一本关于化学的小书。从那一刻起，他的事业就开始了。

他开始在每个晚上做实验。他住在店主家的一个小屋子里，店主家里一个好心的厨师从餐具室给他提供了做实验的材料。

二十一岁时，他收到了一份礼物。在他看来，这礼物比英格兰银行里的金子还珍贵。他的一个顾客给了他一张汉弗莱·戴维先生的讲座的听课证。汉弗莱先生是当时最杰出的化学家。

人们注意到，课堂上有一个人身材瘦削，面色苍白，却有着一双渴望知识的眼睛。他是听讲座的人中最年轻的一位。他认真记笔记，并给每一个知识点都附上插图，做了详细的描述。

此刻，他不再等待机遇，决定为自己争取一次。他写信给汉弗莱·戴维先生，并随信寄去了他抄录的课堂笔记。他想要申请一份工作，做一名科学家的学徒。

汉弗莱先生派人去请他，并且很喜欢他，还帮助他在皇家科学院找到了一个做实验室助手的工作。

工作伊始，他每周只有六美元的薪水。

这次机会给了他通往名望的阶梯，他一路稳步向上直达巅峰。

他的第一个任务就是陪伴汉弗莱先生穿越欧洲进行两年的

考察。

就这样，他结识了巴黎、热那亚、佛罗伦萨、罗马、那不勒斯、日内瓦等地的科学家。二十五岁时，他发表了他的第一篇科学论文。二十九岁时，他发现了一条伟大的规律，磁铁会围绕着磁力线不停地转动。就这样，电力发动机诞生了。法拉第是于半个多世纪前实现的这一伟大发现。

三十岁时，他爱上了一个纯朴的女孩，每个星期天他去小教堂祷告的时候，女孩总会坐在他旁边的长椅上。女孩的名字叫莎拉·巴纳德。

他们携手度过了四十六载春秋。婚后他们过着幸福的生活，但是一直没有孩子。

三十二岁时，他已经成为全世界最主要的科学家之一。他是皇家学会的成员，同时兼任皇家学院的院长，也就是他开始工作时工资只有六美元的地方。

这时，他有机会变得富有了。有人出大笔的钱请他去做药剂师，但是他和妻子再三商讨后认为他们没有时间去做那些事。

他开始了长达二十三年的著书工作，一本《电的实验研究》的巨著。这本书使电子科学从萌芽走向成熟。

法拉第是一个哲学家也是一个科学家。他一生最大的热情就是告诉人们，宇宙是由单一的能源构成的，而不是由七八十种独立的元素构成的。

他一直都在追求事实的真相。他在事实与原则、原则与同情之间徘徊。他感到整个世界是由彼此有亲缘关系的植物、动物、元素、人类等物质构成的。

他是如此和蔼可亲，无论他走到哪里，身边都会围绕着一群孩子。他又是如此强大，使当时的首相——愚蠢的梅尔本不得不向他道歉。

法拉第和妻子在汉普顿皇宫附近的一个小农庄度过了他们的余生。房子是维多利亚女王借给他们的。在这里，孩子们坐在他的膝盖上，听他讲科学的神奇故事，还有那些来自世界各地的最聪明的科学家们也来倾听大师的教诲。

法拉第的一生是幸福的。他做自己喜欢做的事。他的成功超越了他的想象。他很长寿，活得很高尚。

# 约瑟夫·菲尔斯

约瑟夫·菲尔斯是我所知道的身材最矮小的人，像一个十二岁的男孩那样高。但是在精神上，他是同龄人中最伟大、最高贵的人之一。

他是那么可爱，我在写他的故事时，被他深深地吸引，不由自主地写了很多。他是一个非常友善的人，很容易和别人结成朋友，而且是长久的朋友。

约瑟夫·菲尔斯

他的一生非常精彩。他白手起家，从一穷二白到腰缠万贯；他慷慨解囊，帮助他人，弥补社会的不公。他死于1914年，就在第一次世界大战爆发的前夕。

如果有这么一个人，对世界上的各种苦难都深感同情，那么这个人就是约瑟夫·菲尔斯。他是一个铮铮男人，他对人时时关怀更像一位母亲。

119

他是百万富翁，他却在1905年时与失业工人一起到海德公园游行。

约瑟夫·菲尔斯出生于弗吉尼亚的一个小村庄。他的父亲是一个香皂生产商，虽然不是很成功，但是非常勤劳。

约瑟夫在学校里的表现很糟糕，就像很多聪明的孩子一样。他不喜欢学校里的条条框框和死记硬背。十五岁时，他很叛逆，从此就辍学了。

他成了一名香皂推销员。他把挣的钱积攒起来。二十二岁时他花了四千美元买下了一家小型的香皂工厂，成了一名制造商。

之后的十五年里，他把所有的精力都投入到了事业中。他把自己的兄弟吸纳进来成为了自己的合作伙伴。

随着香皂产业的竞争日益激烈，他意识到品牌的重要性。他发现有一种石脑油皂可以轻松地把衣服洗干净。他买下了这种香皂的专利，发了大财。现在，全世界都在用这种香皂。

在他二十岁的时候，他爱上了一个能力超群、美丽迷人的女孩。她的身材也不高。他们简直就是天造地设的一对，非常恩爱幸福。据我所知，他们唯一的痛苦就是孩子刚一出生就夭折了。菲尔斯非常喜欢孩子，他一直没有彻底从丧子的悲痛中走出来。

所以，他一富起来就把大部分时间投入到了社会活动中。他不再为自己工作，而是为他人工作。

根据他的本性，菲尔斯最憎恨的两件事情就是浪费和不公。

他一半是商人，一半是虔诚的基督徒。他相信善有善报。

他认为只有钱是远远不够的，他还认为不应该向那些正在遭受不公待遇的人们散布人间天堂的传说。

他说英国最大的浪费就是大量的土地闲置。闲置的土地有三千万公顷，但是有五万的无业工人填不饱肚子。

闲置的土地和无业工人！为什么不能从人性的角度，从常理的角度考虑，将这两者结合起来以消除这两种闲置现象呢？这是约瑟夫·菲尔斯向英国的政客们所提出的问题，至今没有任何一个人对此作出回答。

闲置的土地依然存在，失业的工人，成千上万的从军队里退下来的海陆军士兵依然存在。

菲尔斯认为，在一万公顷的闲置土地上只为一个人建造宫殿，而两百个家庭挤在一个脏乎乎的贫民窟里，脚下没有一寸土地是属于他们自己的。这才是万恶之源。

菲尔斯憎恨贫穷和奢侈。他认为这两样都会给人类带来伤害。没有哪一个人生来就该贫穷，也没有哪一个人生来就该富有。

他把民生放在首要的位置，其次才是金融、商业、继承、贵族和政府。的确，他是一个非常罕见的百万富翁。

在一次商会的讲话中，他曾谈到"在某个城市里，我拥有11.5公顷的土地。几年前我花了三万两千五百美元买下了这块地。由于这个城市人口的迅速增长，我的这块地现已达到市值十二万五千美元了。其中价值的改变，我什么也没做。是我们城市里的居民导致了土地价值的改变。我认为这增长了的利润属于他们，不属于我。我认为，我们应该将这笔钱用于公用，而不是为工厂企业上税。"

菲尔斯不惜花费巨资宣传他的观点——土地为民。他曾把宣传小册子送给了每一位英国选民。多年来，每一次英国职工大会他都会出席。很多故事都在传颂他的首创精神和他的善良。下面只是其中的一部分：

有一次，他许诺要给一个五岁的小女孩买一头驴。之后不久，他就来到了小女孩的家，手里牵着一头驴，这头驴的身后还跟着一头刚出生的小驴。小女孩问他："你为什么买两头呢？"他回答说："你看，我不能把母亲和孩子分开呀，所以我就把他们都买下来了。"

在一次晚宴上，一位女士坐在他身旁，想炫耀一下自己良好的素质。在说起一个男人的时候，女士说："很明显，他和我们不是同类人。"菲尔斯平静地回答道："难道在场的每一个人都不是我们的同类？"

当他在肯特郡的比克利盖房子的时候，他在前门上刻下了这样几行字：

**会花钱的才会赚钱！**

**爱攒钱的没有钱！**

**有舍才有得！**

在牛津大学贝列尔学院的一次演讲中，他是这样开始他的演讲的："我要跟大家谈谈你们所居住的土地的问题。这个问题是谁造成的？这块土地属于谁？谁有权决定土地的使用？学习之风如何才能在一个允许不公正存在的国度里盛行起来？"

还有一次，他用惊人的语言对一位伦敦听众说："坐公共汽车沿着英格兰海岸走一圈，你会发现闲置的土地达一万多公顷。这些土地如果能够得到很好的开发，足可以养活八千个家庭。"

他就是人与人之间的纽带。他把各种各样的人连接在一起。

他是一个地主，可是他却要求对他的土地重重地征税。他是一个资本家，同时却是工党候选人的支持者。

他是一个真实的人。他的一生都在与愚蠢和残酷作斗争。他使我们这个世界变得更温柔、更聪明。

他的一个知己乔治·兰斯伯里是一个编辑，也是一名工党领袖。菲尔斯是一个资本家，然而他们俩是最真挚的朋友。

兰斯伯里曾经这样描述菲尔斯："1903年夏天，我与菲尔斯相识。他来到我家，像一阵清新的空气。他的光明磊落、他的仁慈博爱给我们留下了深刻的印象。之前我对他了解很少，我承认，因为他是一个富有的美国人，我对他有一些偏见。但是跟他交谈了五分钟后，我的怀疑和担心一扫而光，之后我们就成了亲密的朋友，而我们的友谊将永不会落幕。他让我从没有这样清醒地意识到，为了伟大的事业而努力奋斗是值得的，而且他还激励我相信我的同胞。"

你看，这就是一个工党领袖对一个资本家的评说。难道这不能说明其实所有的阶级差别和财富差别都是小事情，所有正直的人都是伙伴和朋友吗？

# 亨利·福特

仅从结果来看，亨利·福特是世界上最成功的制造商。

他付给员工的工资最高。

他得到的利润最大。

他卖的商品最便宜。

他是一个亿万富翁，所赚的每一分钱都是光明正大的。他不是劳苦大众的压迫者。

亨利·福特

他的巨大的利润只是他拯救大众所得的一部分；他付给工人的工资远比他们靠自己的能力所得到的要多得多。

亨利·福特是一个资本家，他向所有的资本家展示了致富的一个更佳的途径。

他靠着自己和集体的力量才获得了成功。他没有任何头衔。他也不会接受任何头衔。他甚至连"先生"都不是。朋友们都叫他亨利。

1863年，亨利出生于底特律附近的一个小农场。他的父亲是一个爱尔兰移民。

在学校里，亨利·福特的成绩并不好。他的老师对他也无计可施。

到了十五岁，亨利已厌倦了上学，于是他就离家出走了，在一家发动机厂找到了一份工作。开始的时候每周只有2.50美元的薪水。

几年之后，他又回到了农场。回到农场以后，他娶了邻居的女儿，这是他做的最正确的一件事。

一天傍晚，他正在读农场报纸，突然看到了一张由法国人发明的新型的没有马拉的车的照片。

他被迷住了。那张照片给了他灵感，改变了他一生的生命轨迹。

亨利·福特博物馆馆藏的第一代福特汽车

他再也无心农场的工作了，开始在谷仓里制造没有马拉的车。他把一台旧的发动机装在了一辆旧的四轮马车上，很快他就成了全村人的笑话。

在美国的这个穷乡僻壤，亨利·福特的车却给几个老头老太太带去了很多的快乐时光。

很快，不顾众人的反对，他离开了农场，来到了底特律。他找到了一份机械师的工作，每月可以有一百五十美元的薪水。到了晚上，他就继续研究他的没有马拉的车。

他做出了一个带有一个气缸，左摇右晃，吱呀作响的可笑的东西。但是这个可笑的东西能动了。

他又用了八年的时间改进了这个可笑的机车。最后，他终于造好了一辆机车，并因此而赢得了一场比赛。

就在一瞬间，他和他的机车就出名了。他又接连赢得了几场比赛。他甚至打败了巴纳德·奥德菲尔德，当时最有名的赛车手。

几个朋友借给他一万五千美元开办了一家小型的机车工厂。他请到了一些最有能力的经理。他付给他们高薪，而他们帮助他管理庞大的业务。

他身材匀称，热爱运动，拥有一身古铜色肤色。财富和权力并没有让他不思进取。

我最后一次看到他，是在底特律的工厂里。当时他正在给接线员演示如何操作电话交换台。

他并不是一个普通的商人。

他是一个机械师、一个发明家。

他的成功源于他对标准化原则的赞赏。

如果我们愿意，如果我们傻得可以，我们可以嘲笑他。但是在我看来，他跟我们每一个人开了一个玩笑。

亨利·福特知道怎么做。他解决了业务上的疑难问题。他向我们展示了如何更好地处理人事、生产商品，不与人为敌却可以赢得利益。

对我们来说，我们应该多向他学习，少嘲笑他。我对他越了解，他的能力和意识给我留下的印象就越深刻。

我们这个世界需要更多的亨利·福特。不论我们高兴与否，这都是事实。

如果我们有一千个福特，我们就会有高工资、高利润、低价格，而没有劳资纠纷。我们的社会将是一片和平繁荣景象。

我们就以福特的管理方式为例。他的管理方式是独特的。他行事另辟蹊径，事业取得巨大成功。

实际上，亨利·福特似乎更多地把自己看作是一个工人领袖而不是雇主。

他给予员工的比他们要求
的多。

他为员工提供的工作环境
远比他们想象的好。

他给员工以指导和保护。

他的员工当时是世界上薪
水最高的、满意度最高的。

没有哪一个工人领袖能够
做得像亨利·福特一样。

*亨利·福特的塑像*

他从未给员工以罢工的理由。他从未拖欠过员工的工资。
他带领大家走向的是成功而不是失败。

1914年的时候，员工们已经很满足了，但是福特突然给员工
们涨了一倍的工资。就这样，1915年，他所得的净利润比以往
任何时候都要多。

他保护员工，使其免遭各种不公的伤害。

他的公司有两千个工头，没有一个工头可以解雇工人。

1919年，五万多工人的工厂，只有一百一十八人被解雇了。

公司里有一个由三十人组成的特殊的组织，专门负责调查
工头与工人之间的所有矛盾。如果一个工头经常与工人们发生

摩擦，他很快就会被请进经理办公室，警告他的行为有错误。

福特所做的一切都遵循和睦原则，而且他总是做得更好。虽然他本人既不愚蠢也不苛刻，但是他依然认为团结是对抗愚蠢和苛刻的必要的保护。

他的公司里根本不存在残忍和粗暴。相反，他的公司是最和谐、最人性化的公司。比很多教堂还富于同情心，还慈善。

例如福特的公司里有四百个员工曾经坐过牢。他们曾是被社会抛弃的重犯，但是福特给了他们一次重生的机会，使他们恢复自尊，过着诚实幸福的生活。

福特的工厂里还有两千名残疾人和弱势人群。他们每个人都带有一个牌，上面写着"只做轻便工作"。

照顾残疾人、罪犯和盲人，这是他一直坚持的原则之一。他的公司里最有能力的员工就是一个盲人。

他不惜一切代价为员工们提供最好的工作条件。公司里还有一个特殊的团队，由七百个油漆工、擦玻璃工、木匠等人组成。他们的任务就是让公司的每一个角落都保持明亮整洁。旗下的店铺的地面光亮照人，像家里的厨房一样干净。

厂房内的空气每十二分钟更换一次。铸造厂内的所有烟气都被带走。每一个房间的温度都很宜人。

说起"赶工"，约翰·R.康芒斯参观了福特工厂，据他说他没有看到有人在加班加点地工作。"只有在铸造厂的某些部门的一些新工人。"

他的事业不断发展壮大，没有出现罢工和停工现象。

他曾经阻止了工人和管理者之间的矛盾斗争，建立了和睦友善的工作环境。

他向所有的雇主展示了什么才是他们应该做的。

## 金·C.吉列

一个朋友曾问我："据你所知，谁是最出色的推销员？"

这不是一个简单的问题，想了一会儿之后我回答道："吉列，安全剃须刀的发明者。"

在我看来，他是一个最了不起的人，因为他既是一个推销员，又是一个发明家，一个理想主义者、一个制造商、一个金融家。

金·C.吉列

他挣钱挣得很快乐，对于这一点大家毋庸置疑。

他在五个完全不同的行业里都取得了成功。还有谁可以做到这样？

很少有人了解吉列的传奇故事。1904年的时候，他住在伦敦，当时他正在推销"冠封印"牌软木塞。那个时候他的剃须刀还没有成功，无人知晓。

现在，他的照片在全球已经是街知巷闻，就像每一个刀片都有一个包装一样。

在过去的十七年里，他已经建立了一家资产达三千万美元的公司，每年的纯利润可达到七百五十万美元。

他有三家公司，分别在英国、加拿大和美国。他创造了一种全新的剃须刀，并以合理的价格卖给了数以百万计的人。

那时他依然健在，而且每天都有新的想法。他的最新的爱好是尼罗车，一款新型的摩托车。

他是一个世界公民。伦敦、巴黎、佛罗伦萨及纽约都有他的住所。我写此文时，他住在加利福尼亚。

吉列的全名是金·坎普·吉列。

他出生于威斯康星州的森林里的一个小镇。他的父亲是一个勉强可以糊口的商人，有的时候生意好些，有的时候生意差些。

吉列十七岁时，他的父亲由于固守陈规终于变得一无所有，吉列不得不自己谋生。

二十一岁时，他成了一名推销员。他是一个有远见卓识的人，喜欢新思维。

1894年，我与他相识。他来听我的一系列讲座，之后他送给我一本他自己写的书。

他在书中描述了一种他所发明的新型的房子，房子很大，圆圆的屋顶，大得足以容纳几百个家庭。

那个时候我们俩正努力地寻找消除贫民窟的方法。我们相信贫穷是可以阻止的，世界上最大的罪恶就是让孩子在一个肮脏贫穷的环境里出生。

吉列的父亲也可以说是一个发明家。在他的闲暇时间，他总是喜欢发明东西。他一直有这样的一个想法，有一天他能有一件完美的发明，并且可以靠着这个发明发大财。

三十六岁的时候，他认识了一位富有的发明家威廉·佩因特。佩因特曾发明了"冠封印"金属塞，现在这种金属塞已广泛地用于啤酒瓶和矿泉水瓶上。

一天，佩因特对吉列说："为什么你不发明一种日用消费品，一种只要人活着就需要的发明呢？只卖一种耐用品是没有用处的。要卖一种人们用过之后就扔掉的东西。"

这个建议就是吉列剃须刀诞生的原动力。关于如何发明一种日用消耗品，吉列认真地想了几周。

一天早晨，他正在刮胡子。他的剃须刀钝了，而他的胡子又非常硬。他正在脸上痛苦地刮着，突然大脑中灵光一闪，他就想，为什么不发明一种更好的剃须刀呢？

为什么不发明一种可以更换刀片的剃须刀呢？

他马上放下剃须刀，脸上还带着肥皂泡，就开始勾勒新型剃须刀的设计图，新型的剃须刀将由一个刀片和一个刀片容器组成。

他用半个小时的时间完成了设计。然后他刮完了脸，冲到一个五金商店买了一些钢卷尺和一把锉刀。

他自己做出了第一个剃须刀，并申请了专利。那是在1895年。在他的伟大成功到来之前，他已经四十岁了。

他的剃须刀开始并没有成功，一直被人们嘲笑了九年。他的很多朋友都毫不留情地嘲笑他，嘲笑他异想天开。

吉列和他的傻瓜剃须刀被人嘲笑了九年，这一点他一直清晰地记得。

九年里每一个认识吉列的资本家也许还记得关于吉列的那首歌。

1901年，吉列找到了一位机械大师W.E.尼克尔森。尼克尔森有着非同寻常的技艺。他帮助吉列改进了剃须刀，一家公司就这样得以成立了。

但是直到1902年，他一把剃须刀也没有卖出去。绝望中，吉列把剃须刀都送人了。

他送给了一个叫乔治·乔伊斯的商人一把剃须刀。乔伊斯用过之后很喜欢。他同意用六万美元入股。

这个小小的剃须刀公司终于卖出去几把剃须刀，但是吉列还不得不靠推销金属瓶盖来养活自己和家人。

1904年，一个广告商恰巧在此时出现了。他成了吉列公司成功链条上的最后一环。

剃须刀开始大卖。财富源源不断地流进了吉列的腰包。他的金属瓶盖公司的老板也入了四万美元的股，自那以后，他一直为此而得意扬扬。

吉列很英明，自己一直保有公司的大部分股份。就这样，四十九岁的吉列终于实现了自己的梦想。

他发明了一种日用消耗品。

他发明了一种顾客不得不长久使用的东西。

请注意，从头至尾，吉列的成功都与"理念"息息相关。首先他有了一个理念，然后靠着意志力去实现自己的想法。

也许你会说，在四十九岁之前，吉列是一个失败者。但是四十九岁之后他拥有了财富和名望。

金·C.吉列总是把理念摆在第一的位置，而且他总有一些宏伟的想法。他创造了一种新理念。他把这种理念变成了现实，然后他把现实的成果卖给了文明世界里的绅士们。

这就是为何我认为吉列是我所认识的最出色的推销员。

# 沃伦·黑斯廷斯

下面的故事是关于英国历史上一位最伟大的人，一个曾统治着五千万人的小伙子。

一个一文不名的孤儿，最终成为了印度的一个独裁者。

一个拿着微薄薪水的年轻职员，最终却成了他那个时代最能干的战士和政治家。

沃伦·黑斯廷斯

尽管面对内忧外患，此人还是在印度建立了英国的统治地位。

这个人就是沃伦·黑斯廷斯。

1732年，沃伦·黑斯廷斯出生于英国的一个小山村。

八岁的时候，他家里来了一位叔叔，把小沃伦送到伦敦去上学。在学校里，他成了一个有名的水手、游泳好手和学者。

十二岁的时候，他失去了双亲和所有的财产，变成了一个孤儿。

他慢慢地长大了，成了一个身材矮小、营养不良的少年。如果说有一个男孩曾被扔进了生活的苦海任其自生自灭，那就是黑斯廷斯。

十四岁时，他成了学校的优等生。

一切原本都是那么美好。直到有一天他好心的叔叔去世了，他的好运就这样结束了。他不得不自谋生路了。

十七岁时，他到印度去，做了东印度公司的一个小职员。

做了几年的小职员后，突然有一天他在印度叛乱中被捕了。他被投进了监狱，差一点儿就被扔进了加尔各答的黑洞里。

后来他逃跑了，加入了罗伯特·克莱夫的军队，当时克莱夫还刚刚开始他的事业。黑斯廷斯比克莱夫年轻七岁。后来二人成了挚友。

三十二岁时，黑斯廷斯返回了英国。当时他已经有了一些钱，但是很快他就把钱都花在了买书和结交朋友上。他结识了一些文人墨客。诗人考珀就是他终生的朋友。

又过了四年，由于没有钱，他又不得不回到了印度。他在船上病倒了，经过一个美丽的俄罗斯女孩的精心照料，又恢复了健康。当时女孩已经嫁给了一个无赖的德国男爵。

他们俩相爱了。爱情使女孩勇敢地离了婚，并与黑斯廷斯结了婚。黑斯廷斯一直都是一个尽职尽责的好丈夫。这件事引来了无数的闲言闲语，虽然黑斯廷斯现在已经去世了，但是我们不得不承认黑斯廷斯是一个纯洁高尚的人。

他答应过他的妻子，要让她成为印度的女王，他做到了。很快，他就成为了印度的无冕之王。印度的地方官员任其摆布。他的手中只有少数的几个英国士兵，但是他取得了克莱夫曾占领过的地盘，并且还在不断地扩大。

如果当时印度政府放手让沃伦·黑斯廷斯去做的话，他很可能已经解决了印度政府的问题，也就不会有后来的麻烦了。但是他们并没有这样做。

东印度公司的经理们一直要掠夺更多的财富。他们强迫黑斯廷斯夺取印度官员的财富，把他们运回英国。

黑斯廷斯掠夺了印度，或者说他是掠夺了印度的掠夺者。这并不是什么新鲜事儿。印度国家的统治者几乎已经掠夺了印度所有的一切。

在黑斯廷斯的统治下，掠夺渐渐地销声匿迹了。他全力以赴消灭了所有形式的掠夺和压迫，他为印度人民建立了一个最好的政府。

紧接着，威斯敏斯特的政治家们开始插手他们自己一无所知的事物。他们通过了一个《调节法案》剥夺了黑斯廷斯的权力。

这刚好给印度的革命主义者一个很好的机会，而黑斯廷斯很快就控制了战事。他抓住了反叛的首领，一个婆罗门教徒，黑斯廷斯在成千上万的印度人面前，在光天化日之下对他进行了审判并绞死了他。

这是解决危机的一种很糟糕的做法。

但自那以后，再也没有人敢起来反抗了，再也没有哪一个印度人敢对黑斯廷斯指手画脚、说东道西了。

议会和东印度公司都对黑斯廷斯不满。他被下令辞职，但是他拒绝了。当时他与英国有一万五千里之遥，他坚持认为英国不应该放弃印度。

接下来，印度的最高法院试图接管印度。但是黑斯廷斯坚决反对他的士兵担任司法官员，使法官们能够各安其位。

于是爆发了一场与印度最了不起的将军海德·阿里之间的战争。议会马上就妥协了，乞求黑斯廷斯力挽狂澜。

黑斯廷斯训练他的小部队，在波多诺伏战役中袭击了海德·阿里的部队。海德·阿里被打败了。如果黑斯廷斯辞职的话，印度很可能从此就脱离了英国的统治。

为了彻底赢得这场战争，黑斯廷斯带领着五十个英国士兵，一举占领了印度富裕的城市贝拿勒斯。他抓住了贝拿勒斯的首领，占领了王宫，仅凭一时之冒险精神赢得了战争。

他定居下来，要为印度建立一个公平公正的行政系统。当地的印度人很信任他。他能说好几种他们的语言，并且发自内心地喜欢他们。

他实现了印度的和平。自那以后，印度基本保持了和平的发展态势，只有一次例外。黑斯廷斯掌管印度的时候正值大英帝国崩溃。在疯狂的日耳曼国王乔治四世的统治时期，美国脱离了英国的统治独立了。接着塞内加尔、哥瑞、梅诺卡岛等国家和地区也相继独立了。如果不是黑斯廷斯单枪匹马控制着印度，恐怕很可能会因此失去印度。

如果他是一个拥有很多国籍的人，他很可能会成为印度的国王，建立自己的王朝。

五十三岁时，他出色地完成了使命，回到了英国，在他深爱的伍斯特度过了他的余生。

令他惊讶的是，因为残忍和腐败，他遭到了来自各个方面的攻击。他怎么也不会想到在他那个年代，在制止残忍和腐败方面，他比任何人做得都多。如今却被人安了一个这样的罪名。

议会以一百一十九对七十九票的投票结果通过了对他的弹劾。当时已经上了年纪、脾气暴躁的伯克领导了这次弹劾。黑斯廷斯被捕了，并被进行了长达八年的无耻审判。

这次审判是英国的一个耻辱。最后，以二十三对六票的结果他被判无罪。

此时，他几乎花光了所有的钱，所以他和妻子搬到了他出生的小山村戴尔斯福德。

在那里，他买了一个农场，安静地过了二十三年。终日与牛、书和他的朋友为伴。他不再为他的国家对他的背叛而耿耿于怀。他把这一切都看作是生命中的一场游戏，在这个游戏中他曾经是个冠军。

就在他去世前不久，议会派人去请他并给他安排了一个盛大的欢迎仪式。荣誉像潮水般向他涌来。

他终于可以含笑九泉了。在贝拿勒斯，当地人为了纪念他建造了一座寺院。

瓦伦·黑斯廷斯使印度一直在英国的统治之下，而且这种状态一直持续了一百五十年。

# 伊莱亚斯·哈维

从伊莱亚斯·哈维——缝纫机的发明者的故事中，你会了解什么是真正的困难。

伊莱亚斯·哈维几乎造福了整个人类。

虽说他最终赢得了名望和财富，但是他的一生都在与贫穷、愚昧、疾病和死亡做着艰苦卓绝的斗争。

伊莱亚斯·哈维的塑像

什么也不能使他放弃一生所热爱的工作，即使饿死也不能。他的故事对我们大家来说是一个鼓舞。它告诉我们一个意志坚定的人，再加上一个新理念可以为世界带来多么大的福利。

1819年，伊莱亚斯·哈维出生于美国。当时还没有缝纫机。人们甚至从未有过这样的想法。也没有哪一个女人有过这样的想法。

小伊莱亚斯并不是一个娇生惯养的孩子。他家一共有八口人。他的父亲是一名贫穷的面粉场主，有十张嘴等待着他来养活。

伊莱亚斯是一个羸弱的小孩。相对于他的思想，他的身体显得太虚弱了。他的腿不但瘦弱，还有一点儿跛。

六岁的时候，他就不得不出去工作。平日里他就呆在父亲的面粉场，帮助兄弟姐妹用皮条把金属线固定在齿具上。也许正是因为这样，才使他产生了发明缝纫机的想法。

十六岁时，因为他听人说马萨诸塞州的洛威尔城里有最好的磨坊和大型的机器，所以他就来到了这个小城。

他在一个棉纺厂工作了两年，又在一个机械车间找了一份工作。这个工作非常适合他，因为他是一个天生的机械师。

二十一岁时，他结婚了。很快他就有了三个孩子，日子过得有些入不敷出。他们住在一个破旧的小屋里，为了多赚一份钱他一个人要做两个人的工作。

他的工作实在是太辛苦了，经常累得晚上不想吃饭。他曾经告诉妻子，他常常希望自己能够就这样"永远地躺在床上"。

在他二十五岁的时候，有一天，一个工友对他说："要是有人能发明一台缝衣服的机器，那该是一件多么了不起的事情！"

朋友的话唤醒了哈维的思想。

他的确是世界上最了不起的发明家之一，但是当时他还没有意识到这一点。他对自己的能力还不了解。

开始的时候，他观察他的妻子缝衣服。然后他做了一台机器，控制着一根针，针有两个针尖，针眼在中间。

他努力地做出了一台机器能够模仿他妻子的手进行工作。但是失败了。

突然，他的脑中闪过一个念头，为什么要模仿人手的动作呢？为什么不发明一种缝纫机创造新的缝制方式呢？

他马上就想出了一个计划，要用两根线而不是用一根线。他发明了梭子和针尖上有眼的弯曲的针。

他一瞬间就解决了这个难题。没有人想到过这种方法。他发明了一台真正的缝纫机。

带着巨大的兴奋，他辞去了工作，带着家人搬到了父亲家，在那里完成了他的伟大发明。他在顶楼建起了一个小型的工作室，并且开始攒钱准备买一台二手的车床。

一场大火使他所有的一切都付之一炬。哈维救下了他的那台珍贵的机器模型，其他所剩无几。

就在这个危急时刻，一个煤炭和木头经销商找到了他，对他说："我可以让你住在我的房子里，而且会给你五百美元买你50%的专利权。"

哈维同意了。他又建起了一个工作室。六个月后，他做出了一台机器，并且用这台机器缝合了两件羊毛衫，一件给了煤炭和木头经销商，一件留给了自己。

他以为他的工作终于完成了。他不知道每一个造福世界的金点子在被人们接受之前一定会经历很多坎坷。

发明完成了，下一步就是推销自己的发明。但是哈维对此一窍不通。

他带着他的机器兴高采烈地找到了波斯顿的裁缝们。他们表示很羡慕这个可爱的小发明。但是他们说："我们不需要它。他会毁了我们的生意。"

他带着机器，挨家公司走，但是没有一个人愿意投一分钱。这让煤炭和木头经销商很失望，他撤出了投资，请哈维一家搬到别处。

此时的哈维没有钱也没有朋友。为了养家糊口，他在铁路公司做了一名机车司机。

不久他就病倒了，他的妻子也病倒了。要不是几个好心的邻居帮忙，哈维一家也许从此就销声匿迹了，还有他的缝纫机以及一切。

当他的身体恢复了之后，他好不容易凑够了钱，买了一张低等舱的船票来到了伦敦。他以为，英国人给他的待遇应该比美国人好多了。

但是，他又错了。他发现没有人愿意帮助他。齐普赛街上的一个人花了一千二百五十美元买下了他的第一台机器，并且给了他一份工作。

哈维为这个人工作了八个月，但是他发现这个老板太苛刻，于是离开了他。他没有钱，那个时候经常有这样的日子，他和他的家人坐在伦敦的马路上，忍受着饥饿。

他给英国带来了他的缝纫机，英国却拒绝接受它。

饥饿迫使他不得不回美国。他把缝纫机的样机抵押了，凑够了钱把妻子和孩子先送回了家。几个月以后，他自己也回去了，因为他的妻子写信告诉他，他们已经分文皆无了。他到纽约的时候，口袋里只有六十美分了。

他还有二百五十英里的路程。于是他到了一家机械工厂工作了几天，赚够了火车票钱回家了。

他到家的时候，他的妻子已经死了。

身体虚弱、心力交瘁的他仍顽强不屈，继续制造新的机器。一个叫布利斯的商人借给他一些钱。他又做了很多机器。每一台机器卖得都很好。订购机器的越来越多，十二年后，他终于成了一个百万富翁。

在1867年的法国巴黎世博会上，他获得了金奖和荣誉军团的十字勋章。

他可以忍受各种苦难、饥饿，也可以承受丧妻之痛，但是他好像无法承受名望和财富。就在他获得荣誉军团的十字勋章几个星期后，就离开了人世。

他走完了自己的一生，打了一场漂亮的仗。他成功了。

## 托马斯·亨利·赫胥黎
——倡导追求真理为信念、捍卫真理为行动的领袖

我们应该把托马斯·亨利·赫胥黎的故事讲给每一代人听。

赫胥黎是一个有战斗精神的科学家。他战斗在科学的战场上，破除了迷信和无知，为了清晰的思考效率和常识。

赫胥黎在传统和习惯的荒野里为科学而奔走呼号三十年。他是一个预言家。他是那个时代最博学的老师。

1825年，赫胥黎出生于英格兰的伊令市。那个时候，伊令还是一个村庄，他的父亲是村子里的一名教师。

托马斯·亨利·赫胥黎

赫胥黎的家虽然并不富裕，却有很多书，其中也有很多关于重要话题的精彩讨论。书籍和讨论给了赫胥黎真正的教育。据他所说，他从学校获得的东西很少。

作为一个男孩，他有一个勤学好问的头脑。

他总要问个"为什么"。十五岁的时候，他试图弄明白夕阳的色彩。十七岁的时候，他试图将所有的知识分成两类——思想和自然。

他的两个姐姐都嫁给了医生，所以十五岁的时候，他被家人从学校带回来，送去学医学。他对于医学方面的讲座都不怎么感兴趣，反而被一个大大的叫显微镜的东西迷住了。

显微镜让他了解了很多自然界中的新奇的事物，为他打开了一扇通往我们肉眼所看不到的微小世界的大门。每天晚上，他都会跑到这个珍贵的显微镜前；十九岁的时候，他第一次发现在人类的发根处有一层膜。这层膜现在被命名为"赫胥黎层"。

十九岁的时候，他高兴地以为自己发明了永动机，他非常地兴奋，拿着他的发明去见法拉第。法拉第耐心地听了他的讲述，然后告诉他永动机是根本不存在的。

"如果存在永动机的话，"法拉第说，"它就会同时存在于自然界中，它就会击败所有其他能量。"

二十岁的时候，他获得了医学学位。

后来，一个朋友拉他去参加海军，非常幸运的是，他成为了一艘战舰上的助理外科医生。这艘战舰正要开往热带地区进行科学考察。像达尔文和胡克一样，作为英国战船上的科学家，赫胥黎迈出了事业的第一步。

在悉尼，他认识了一位年轻的英国女子内蒂·希索恩。他们一见钟情。后来女子就成了他的妻子。他们是四十年的知音和无法分割的伴侣。

赫胥黎在船上待了四年，这四年让他成长为一个科学家。

他收集了大量关于植物和鱼类的珍贵的信息。海军部付给他一千五百美元发表了他的发现，他马上就成了有名的自然学家。

二十五岁的时候，他结婚了。他在伦敦学院做教授，每年有一千美元的薪水，通过为各种杂志写文章，他又会有一千美元的收入。

那个时候，他开始给工人们做讲座。他一直相信劳动者最终会成为科学最好的朋友。

"我想要工人阶级明白，他们身边有很多的科学事实。我已经厌倦了中产阶级的华而不实，我打算尽我所能和生活在实践中间的劳动者在一起。"

三十一岁时，他为自己写下了这样的信条：

打击所有骗子，不管他有多强大。

给予科学以崇高的口气。

为人们树立一个好榜样，绝不搞个人恩怨，以及容忍一切，但绝不容忍谎言。

不在乎我的工作是否被承认，只要做好即可。

赫胥黎的一生都被病痛折磨，但是他拒绝倒下。他每天从早上九点一直工作到午夜，大部分时间他都放到了工作上，不计任何报酬。1859年，达尔文的巨著《物种起源》问世了。他证实了现在所有文明的人们都相信的生物进化理论。

这本书观点新奇、内容独特，立即在英国掀起轩然大波。达尔文不是一个斗士。他是一个安静的和蔼的思想家。进化论看起来就要被压制下去了，如若没有赫胥黎的话，也许事情真的会这样。

为了保卫达尔文学说，他勇敢地站了出来，给反对者以有力的还击。他以牙还牙，以眼还眼，他还击的力量是如此强大，以至于那些抱残守缺的人慢慢地害怕起他来。

赫胥黎是一个相信真理的人。他曾经说："我要做的是叫我的愿望符合事实，而不是试图让事实与我的愿望调和。"

他会支持每一项好的事业。他不会简单地相信某种形式的改革。他为了改革而战。他为了黑人的自由而战，为妇女的解放而战。他为一个更合理的教育制度而战。

尽管他经受了疾病缠身、丧亲之痛和贫穷的困扰，他依然坚持批判谬论、迷信和压迫。他并没有摧毁他们，而是将他们驱离进步的主干道。

对于金钱，他有很多次都智穷力竭。有一次，他不得不卖掉自己的金表，换了二百五十美元。一个有钱的朋友每年要给他提供两千美元的津贴，他却拒绝了，依然保持着独立而不依赖于他人。

1876年，他访问美国，他的清晰明了的思想震惊了所有的美国人民。在巴尔的摩他做了一场大型演讲，就在人们坐着等待赫胥黎的吹捧时，他说："我能说的是，我对你们的大块头和物质财富的充实一点儿也不感兴趣。规模大并不能代表宏伟，地盘大并不能成就一个民族。最大的问题在于：你们将如何利用这些资源？成功的条件之一就是每一个公民的德智兼修。"

早在1887年，早在泰勒和爱默生之前，赫胥黎就提倡科学管理。他说："我们必须科学地规划我们的工业。这是我们民族繁荣的必不可少的条件。"

他的相貌与众不同，宽宽的额头，宽宽的下巴，宽大的嘴巴，深陷的炯炯有神的眼睛。他主张坚强和坦率。他的语言亲切而有说服力，是一个语言大师。听过他演讲的人都难以忘记他那富于磁性的声音和语言里透出的真诚。

他是一个先驱者。他是他那一代人的先驱者，也是我们这一代人的先驱者。

他教导我们。从长远来看，再也没有什么比真理更实用，更有价值、更高尚的了。

# 乔治·F.约翰逊

——公平游戏，活得快乐，追求效率的最高境界的领袖

乔治·F.约翰逊的塑像

本应该以"很久以前"开始我下面的故事，但是，接下来我要讲述的是迄今为止世界上规模最大、效益最好的制鞋工厂。这并非是一个神话。从更大的人文意义上讲，这是一个有关效率的故事。

在美国，离纽约大约一百英里的地方，有一个美丽的山谷。那里的居民都叫它"公平竞赛的山谷"。

山谷里有两个毗邻的小镇，一个是约翰逊，另一个是恩迪克特。

山谷里大约住着五万人，其中有一万五千人在两个大型的制鞋工厂工作，这两个制鞋工厂属于恩迪克特－约翰逊公司。

他们一天可生产八万一千双鞋。他们一年的产值可达一亿四千万多美元。

从这些惊人的数字中你可以看出，山谷里的人们清楚地知道如何工作。

在"公平竞赛的山谷"里，没有蓄意的怠工。

但是如果没有这些数字，你也许会以为，山谷里的人们只在乎享受。

山谷里没有贫民窟，也没有宿舍。山谷里的大部分家庭都有自己的房子。房子都是用木头建造的，漆上鲜艳的颜色。

在两个小镇之间有一块狭长的土地，人们把它叫作"理想公园"。公园里有一个很大的游泳池，免费为大家开放。在大游泳池旁边还有一个儿童专用的小游泳池。还有一个旋转木马也是免费的。

公园里还有一个舞馆，每周开放三个晚上。门票二十五美分。

公园里还有一个球场，同时可以容纳两场比赛；每天下午工厂四点半关门后，这儿都会有几场比赛。

公园里还有赛马比赛，半英里长的跑道，还有马厩和大看台。每个星期六的下午，这儿都会有比赛，有时在跑道周围会有多达十万的观众围观。

公园里还有会所。会所在草坪的中央，周围点缀着花床。这是一个社会活动中心，大家聚会的地方。会所里有一个免费的图书馆，还有一些特殊用途的房间，如童子军室、桥牌室、餐厅等。每天晚上这里都是一片欢乐的海洋。

娱乐、交际、教育、运动、音乐，这似乎是"公平竞赛山谷"的主要的事情，然而这些快乐的制鞋工人每天可以生产八万一千双鞋。

他们人均日产量是十一双鞋，有皮鞋，还有其他的鞋。

在他们看来，在这个山谷里，游戏就好比生活中的阳光，每一个人都需要它，就好像人需要吃饭一样。

他们相信欢笑、爱情、幸福，如同他们相信机械、采煤力和组织。

正如你所猜，山谷里有一个人就是这个成功的缔造者。他的名字是乔治·F.约翰逊，但是每一个人都叫他"乔治·F"。

　　他住在公园旁边的一个漂亮的大房子里。人们总能够看到他。他与山谷里的人们休戚与共。

　　每一个员工都可以直接到他的办公室见他。如果他不在办公室，他就可能去了赛马场，或者舞馆，又或者球场。

　　他经常会出现在孩子们中间或工友们中间。无论什么样的事情，人们总是愿意向他请教。正向他们所说："他是我们这个大家庭的父亲。"

　　街上的每个小孩都叫他"乔治·F"。这让我们想起了那些让人生畏、语言冰冷、整天板着面孔的领导们。乔治一年的商业利润可达一亿四千万美元，他依然还有时间放风筝、修补玩具。

　　有一年的"五一"节，山谷里两万名工人举行盛大游行，你能猜出谁是游行的领导者吗？乔治·F。就像人们预料的那样，他走在游行人群的前面。

　　"你知道吗，我爱这里所有的人。"当他和朋友坐在大看台上等待下一场马赛开始的时候，他对朋友说。"而且我希望，"他又接着说，"他们中有些人也是爱我的。"

　　乔治·F不是一个慈善家。他不是天才也不是什么超人。他只是一个健壮高大、理智、善良的人，喜欢生活在繁忙快乐的人群中间。

山谷里没有流言蜚语，没有势利小人。山谷里也没有"阶级意识"，因为山谷里根本就不存在阶级。每一个工人都有机会成为股东，每一个资本家都在工作。

从乔治·F到制鞋厂的门童，这一万五千人就是一个完整的整体，每一个人都属于"E.J·工厂"。

每一件事情都是公开透明的。每一个人都可以畅所欲言。每一个工人好像都认为自己就是山谷的主人。

公平游戏、活得快乐就是他们成功的秘密。这是一种效率，每一个明智的人都相信效率就是把人放在首位，效率就是使人们完全投入其中，效率就是既要创造物质财富也要创造精神财富。

乔治·F.约翰逊已年近八十高龄。他是最成功的鞋业制造商。但是大约在四十年前，他只是一个已经垮掉的小鞋厂的工头。他的薪水每周还不足二十美元。

这个破产的小鞋厂的最大债权人是一个金融家，叫恩迪克特。他来到鞋厂想看一看还有什么可做。他遇到了乔治·F.约翰逊，约翰逊的观念和真诚给恩迪克特留下了深刻的印象。"我没有钱，"约翰逊说，"但是我能使这个鞋厂起死回生，不过你可以以百分之五十的利息借给我十五万美元，我给你写借据。"

这个建议让人咂舌。听起来有些可笑，有点儿冒险，但是精明的恩迪克特同意了。他把十五万美元的赌注押在了约翰逊的身上。

小鞋厂很快就成功了。工厂不断发展壮大，直到约翰逊发现自己已经成为了"一万五千人大家庭的爸爸"。

工厂的工人现在住在两个他们自己的小镇里，一个是恩迪克特，一个是约翰逊。

他们不是普通意义上的员工。他们是合作伙伴。就像当年恩迪克特没有让约翰逊出一分钱，就把约翰逊当成自己的合作伙伴一样，约翰逊也把工人们当作是自己的合作伙伴。

五分之四的员工都是计件工作，而且所有人只要在工厂工作一年以上就可以分享利润。

公司每年的7%的利润会以优先股的方式付给员工，10%的利润以普通股的方式付给员工。然后剩下的所有利润平均分给员工和普通股的股东们。

公司每年都会决定最终是以现金的方式还是以股票的方式兑现利润。通常情况下，公司的红利会达到工人工资的50%。

E. J·公司与其他的好公司的主要区别就在于员工们会全心

全意做好本职工作。他们的付出总有回报。

例如最近，乔治·F.约翰逊在两个小镇里竖起了一个宏大的由莫雷蒂完成的雕像，以纪念在战争中牺牲的一千六百九十二名公司员工。于是员工们也送给约翰逊先生一个漂亮的大理石拱门。他们把它称为"公平交易小镇之门"。修建拱门的全部费用都是由工人们出的。

在拱门的一边有一个乔治·F.约翰逊的半身铜像，另一边是镌刻着黄金原则"知恩图报"的金色匾额。

作为两个小镇的爸爸，乔治·F经常给人们做通俗易懂的演讲。他的演讲非常富于影响力。下面就从他的演讲中摘录几句：

"在这个世界上我最想得到的是你们对我的信任。"

"在这个公司里，如果你做得好，受益的将是你自己。没有任何人会从你的身旁夺走它。"

"在这个世界上，我们每个人所需要的是有人给我们一个展示的舞台，充分发挥才能的天地。"

"如果我们能除掉那些不劳而获者、寄生虫和巧取豪夺者，那么我们完全可以无须降低工资就可以降低成本。"

"我并不是请求大家为我工作。我只是请求大家为了自己做到最好。明天你会做得比今天还要好。"

"在这个民主的公司里，我们一定要扪心自问，我们浪费了多少人力、有多少人对于我们来说只是累赘。"

"我们一定不要成为别人的负担！不要制造阻碍。明确责任，全力以赴。不能逆水行舟。做一个有价值的人。做到最好。给古老的商业一个机会。"

## 艾萨克·牛顿

艾萨克·牛顿是整个人类历史上发现星体运动秘密的第一人，也是揭开引力之谜的第一人。

当你我还在挖空心思思考房租、工资、利润、产量等小事情的时候，艾萨克·牛顿思考的却是宇宙。他的巨著《自

艾萨克·牛顿

然哲学的数学原理》被广泛地认为是人类最伟大的智慧结晶。

大部分伟人的出生都带有一定的偶然性，牛顿也不例外。1642年，牛顿出生于林肯郡的一个小村庄。小牛顿出生前三个月父亲便去世了。他的母亲每年只有四百美元的微薄收入。

少年时的牛顿并不是一个神童。对老师课上所讲的内容一点儿也不感兴趣。他非常喜欢做一些机械的小发明。他发明了风车、水钟和一种无人驾驶的新型踏车。

牛顿非常喜欢放风筝。他还做过折叠式提灯，把提灯系在风筝上。晚上放风筝时，村里人看上去还以为是彗星出现了。

虽说他只是一个十二岁的孩子，却对机械学和天体学很有兴趣。他发明了日晷。他研究星体。天体的运行机制似乎更让他感兴趣。

十五岁时，他被迫辍学，到一个农场工作。但是作为一个农村孩子，他完全不合格。每到放羊的时候、牛吃食的时候，他都会带一本天文学方面的书，躲在一个篱笆的角落里埋头读书。

幸运的是，他的妈妈很欣赏他的天赋，把他从农活中解脱出来，又把他送进了学校读书。

十八岁时，他进入了剑桥大学的三一学院学习。九年后，他成了剑桥大学的数学教授。实际上，牛顿的一生都与剑桥大学有着密切的联系。

二十四岁时，牛顿开始研究光学现象。他发现光是由不同种类的光线组成。红色光线和橘色光线是不同的，橘色光线和黄色光线也是不同的，等等。

之后，他又发明了一架折射望远镜。这是第一个折射望远镜。他的这个望远镜现在陈列在英国皇家学会的图书馆里，上面写着"艾萨克·牛顿发明并亲手制作"。

那时人们对于太空的确切了解还很少。所有的望远镜都是一些小玩具。牛顿所发明的望远镜长六英寸。当时的人们对折射式望远镜还没有任何认知。

伽利略去世于牛顿出生的前一年。牛顿出生四十二年后，因为宣扬日心说，布鲁诺被烧死在罗马。

所以，牛顿发现自己正处于天文学兴起的萌芽时期，在那个时期，就连思考诸如此类的事情都是非常危险的。

就在他二十四岁那年，他发现了万有引力的存在。一天，在他出生的小村庄，他正独自坐在母亲的花园里，突然看见苹果落地。

它为什么会落下来呢？如果在一个比我们的地球还要大两倍甚至更多的星球上，这个苹果的重量会是多少呢？如果苹果落在太阳和地球中间会发生什么呢？

他不断地问自己这些问题。他用他的数学头脑全力思考这个问题。

这个问题他研究了二十年，终于发现引力和离心力之间是相互制约的。最后，他还发现了天体顺序的秘密。

1687年，四十五岁的牛顿发表了他的巨著《自然哲学的数学原理》。书中宣布了万有引力定律。

这个定律是宇宙中任何两种物体中的分子都是相互吸引的，其引力与两种物体之间的距离的平方成反比。

牛顿发现石头和地球都向着彼此运动。地球对太阳有吸引力，同样太阳对地球也有吸引力。每个原子之间都是相互吸引的。

他发现我们所说的"重量"是一种假象。一个人在地球上的重量如果是一百五十英磅的话，那么他在太阳上的重量就会变成两吨。

牛顿从没有试图隐藏他的发明和发现。他都无偿地告诉了朋友。结果，有几次，就有人声称发明是自己的。

例如莱布尼茨，一个德国人，声称自己发明了微积分。但是已经被证实牛顿发明微积分的时间至少要比莱布尼茨早十年。

牛顿完成《光的性质》一书时，遇到了最大的麻烦。这本书花了他二十年的时间。然而，当他离开书房时，他的小狗打翻了蜡烛，烧掉了整个书稿。

据说当牛顿回到房间，看到这一切时，他惊呼："哦，金刚石啊，金刚石，你这个小家伙，你知道你都干了什么吗？"

在以后的几年里，牛顿参与了公共生活。他成了国会议员，被任命为造币厂厂长。安妮女王封他为贵族。更幸运的是，他还担任了英国皇家学会会长。

牛顿死于1727年，享年八十二岁。他的遗体被运到威斯敏斯特教堂，安放在唱经楼门口的左手边。

幸运的是，他死得很光荣也很富有。他的私人财产价值十六万美元。穿越了数个世纪，他的名望依然与日俱增。

牛顿是一个谦逊的人、一个坦率的人、一个善于交际的人。他不虚荣。他热爱人民、坚持原则。

就在他去世前的一段时间，他道出了让人难以忘怀的情操：对于整个世界来说，我也许是微不足道的；但是我自己以为，我就是一个在海滩上玩耍的孩童，偶尔弯腰拾起光滑的鹅卵石或者精美的贝壳，而我的身边就是一片还没有被发掘的事实的海洋。

# 威廉姆·匹特

威廉姆·匹特

匹特出生于1759年。如果说曾经有一位政治家出身高贵，这个人就是匹特。他的父亲是议员查塔姆。他的母亲是格伦维尔家族的一员。他在一个政治世家出生并长大。

除了身体不好，他各个方面都很优秀。他的一生都疾病缠身，长期被头痛、消化不良和痛风所折磨。

他从剑桥大学毕业时只有十七岁。他是一个让人惊奇的学生，对知识和辩论有着巨大的热情。通过每天与父亲、也是他在所有事情上的导师的交谈，他的反应能力得以迅速发展。

匹特早年就酷爱读书。二十岁的时候，别人送给他的一本书造就了他整个的政治生涯，这本书是由亚当·斯密写的《国富论》，这本书伴随他一生。

这本书是商业和贸易的大宪章。这本书并没有趣，里面有很多数字、逻辑和事实。当时没有哪一个政治家有足够的智慧和耐心读完它。

但是匹特做到了，这本书让他明白了国家控制的罪恶。他从书中得知必须搞自由贸易。

一次，有人为亚当·斯密准备了一个公共晚宴。他来晚了，所有人都已经就坐了。他进来时，所有就餐者都站了起来，匹特热烈地欢呼："你不就坐，我们就一直站着，因为我们都是你的学生。"

二十岁时，匹特来到林肯律师学院学习法律。因为他从父亲那儿得到的一年只有一千二百五十美元，所以他不得不自己养活自己。

二十一岁时，他参加了议会竞选，结果惨败。但是到了二十二岁时，议员朗斯戴尔为他提供了一个席位。朗斯戴尔议员要负责九个国会议员选区。

匹特在议会的第一个演讲就是对经济的一个呼吁。他的第二个演讲是关于支持国家控制浪费国民财产的消费部门。

1781年，他进入了议会，那一年被称为黑年。康沃利斯向美国人屈服了。大英帝国的光辉慢慢地黯淡了下去。一个疯狂的日耳曼国王把不列颠分成了两半。

二十三岁时，匹特成了财政大臣。二十四岁时，他被任命为错误的联盟政府的首相，但是他拒绝了。几个月以后，联盟政府倒台了，匹特成为了可以自由施展的首相。

起初，议员们笑话他。那些议会的议员们说："他也只能做一天的首相。"结果，匹特一连做了十七年的首相，而且没有间断过。

他的第一个议案是关于"政府部门不正之风的改革"，他抨击那些挥霍者。

匹特在议会里受挫，但是他拒绝辞职。伦敦城和东印度公司在背后支持着他。匹特一直坚持，最后终于赢得了民众的支持。

接着，他又参加了大选，以压倒多数的优势又重新回到了议会。

有一股守旧势力一直反对匹特。他们嘲讽匹特，匹特都给予了坚决还击。

他直接向人民求助，人民拥戴他做了十七年的首相。

人们对于守旧势力已经厌恶至极。他们希望推选出一个人，能够有勇气把那些挥霍者驱逐出政府。他们选择了匹特，匹特也深孚众望拯救了英国。

当时的匹特只是一个二十四岁的小伙子，身材高大，棱角分明，还有点儿腼腆。除了与朋友们在一起，他都很拘谨、严肃。他相貌平平，却有一双特别的眼睛，敏锐、富于穿透力。他的鼻子怪怪的、尖尖的，他的脸就像国王乔治四世所说的"又长又固执"。

反对匹特的有曾经是议会里最善辩的福克斯、爱尔兰最伟大的演说家谢里登和伯克，还有格伦维尔、谢尔本和诺斯等，他们都是已经下台的政府里的挥霍者。

匹特一一给予他们还击。他有的时候甚至还会跟国王争论。他一旦制定政策，就会贯彻到底。他建立了偿债基金，还清了所有战争遗留下来的债务。他征收高额赋税，但是大部分只对奢侈品，比如说丝绸、马匹、黄金和银盘等征收高额赋税。

他对那些挥霍部门施行财政封锁。他说："我们的开支只能在我们能够负担得起的范围之内。我们的首要责任就是偿还债务，恢复我们的商业和贸易。"

但是匹特对于自己的钱财管理得一塌糊涂。他一生债务缠身，当他去世的时候，议会捐资二十万美元还清了他的债务。

他不贪恋金钱和地位。他一直是匹特"先生"直到生命终结。有一次，伦敦的商人们见到他，要送给他一件价值五十万美元的礼物，但是被他拒绝了。

他唯一的目标就是帮助他的国家而不是他自己。他是一个民族建设者，而不是一个民族掠夺者。由于他节省了公共财产而没有浪费它，他成了一个伟大的政治家。

他尽可能使英国远离法国革命。他改革政府。他把官僚主义者打回了原形。他解放了商人。1792年他发表了反对奴隶贸易最伟大的演讲并废除了奴隶贸易。

他想尽力帮助爱尔兰和俄国，却引火烧身。最后他不得不与拿破仑进行战争。但当他使英国经济恢复并繁荣起来的时候，他就避开了战争。

他不会给一个疲惫不堪，千疮百孔的民族加诸新的战事和新的赋税。在六年的时间里，他的政策使英国的出口额翻了两倍。

最后他被拖进了战争之中。他的军队常常遭遇挫败，因为一群无能的公爵指挥的这些战事；但是他的海军却无往不胜，因为海军将领是尼尔森。有很多年，尼尔森都是匹特的唯一安慰。

为了筹措战争经费，他请求大家自愿捐资。他收到了大笔的捐款。他和他的部长们捐出自己工资的五分之一。你看，在那些日子里，跟我们今天的薪金恋人相比，他们都是高风亮节的人。

拿破仑的接连胜利使匹特忧心忡忡，终于病倒了。奥斯德利兹的失败和尼尔森的死使他再也没法承受。1806年，匹特去世了。他最后的遗言是："哦，我的祖国。我是多么地热爱我的祖国啊！"

匹特一生没有结婚。他曾爱过一个女孩，但是错过了。他一生一心想着的都是国家的富强。他是一个诚实的人，一个坚强的人、一个有才能的人、一个勇敢的人。人们称他为"乘风破浪的水手"。

## 塞西尔·罗德斯

这是一个真正的政治家的故事，他增加的是人们的收益而不是税收，他太过目标明确，他讲求效率而不被同辈所欣赏。

塞西尔·罗德斯

这里，我要谈一谈塞西尔·罗德斯是如何将中非纳入大英帝国的版图的。

塞西尔·罗德斯把罗德西亚送给了英国。他把非洲中脊送给了英国，有了这个非洲中脊就可以控制着整个非洲大陆。

他把七十多万平方公里的土地置于英国的统治之下。他把一个新省，一个比大不列颠大6倍多、比法国大3.5倍多的新省置于英国的统治之下。

"罗德斯先生，你在非洲忙什么呢？"维多利亚女王问道。"女王陛下，我正在帮您扩大版图呢。"罗德斯回答。

1853年，塞西尔·罗德斯出生于英国的一个小教区。他的父亲是一个牧师。家里孩子太多，房子太小，一共有九个男孩和两个女孩。所以，年轻的塞西尔十七岁时就到南非去找他的一个在小棉花农场工作的哥哥。他坐的帆船在海上航行了七十天后，凭借着顽强的毅力终于到达了开普敦。

第二年，他赶着牛车来到了金伯利，因为金伯利刚刚被发现有钻石。他成了一个淘金者。

仅用了两年的时间，他就赚了几千美元。这是他的第一桶金。他决定用它来接受更好的教育。

他回到了英国，进入牛津大学学习。当时，他还是一个身体瘦长、很腼腆的年轻人，在运动方面的表现比学习上的表现好多了。

二十一岁时，一个英国医生告诉他，他的心脏和肺部都很虚弱。医生说："你还能活六个月。"罗德斯听了之后，为了活得更长一些，他跑到了非洲，并且又活了二十八年。更幸运的是，在维多利亚女王时代，他的一生成果是最丰硕的。这二十八年他过得很充实。

他有三个目标：

（1）赚钱，因为金钱给予他力量。

（2）发展中非，使中非文明化。

（3）组织扩大大英帝国的版图。

几年之后，他变成了一个富翁。1880年的时候，他建立了大德比尔斯公司，公司不断发展，最终成为全球最大的公司之一。

三十五岁时，罗德斯成了"钻石之王"。

有了足够的财富以后，他开始投身政治。他成了佛得角议会议员。他的第一个演讲是关于保护当地居民权利的。三十七岁时，他成了罗德西亚的首相，穿着长袖衬衫，坐在办公桌旁，处理着殖民地上的棘手事务。

1888年，他与马绍纳兰的国王洛本古拉达成协议，得到了大约相当于中欧那么大面积的地区的采矿权。他手底下当时有一千人马。

他建立了罗德西亚，并使其像牛津和兰开夏郡一样成为英国领土的一部分。

接着就爆发了詹姆森突袭行动。关于这次突袭行动有太多的传闻。不幸的是，突袭失败了。如果再多一些像罗德斯、詹姆森和菲利普这样的人的话，这次突袭就不会失败，波尔战争也许就可以避免。

当时的非洲突袭事件频繁发生，每个人都会突袭。布尔人是这样，当地的原住民也是这样。这个地方讲究的不是礼仪、文明和公共服务。这是一块野蛮人的土地，一些势力强大的人为了权力而争斗不休。

斗争主要发生在非洲土地上两个最强大的人——克鲁格和

罗德斯之间。克鲁格心胸狭窄，相反，罗德斯却心胸宽广。他认为非洲只是世界的一个部分，他希望非洲能够实现自由富强。

布尔战争的导火索出现了。

由于凯泽许诺给波尔人以支持，他们备受鼓舞，于是发动了对英国的战争。在被围困期间，罗德斯前往金伯利并取得了控制权。他使整个城镇团结在一起，拯救了这个城镇。他活了很长时间，看到了英国国旗在各地飘扬。然后他又回到了他热爱的小村庄，安定了下来，派人去找詹姆森的时候他却去世了。临终时他说："有那么多的事情等着我去做，可我做的实在是太少了。"

根据他的遗愿，他被安葬在非洲的一座高山上。他的墓碑上一句赞扬的话也没有，只有下面的几个字："塞西尔·罗德斯在此安息"。

只要世界还在，他的墓地就是南非人民的"圣地麦加"。

罗德斯生活习惯很简单。他自己几乎无所求。起初他就住在一个茅舍里。他有一个童子军的天性。

他不讲究衣着，他更喜欢直截了当。当他去见土耳其国王时，他没有长袍，就穿了一件夹克。

有一次在船上，他不得不躺在床上，因为一个好心的水手要把一块帆布补丁补在他唯一的一条裤子上。

他的两只眼睛蓝汪汪的，他的笑声听起来也很爽朗。

他没有耐心去理会那些愚昧的人和势利小人。但是他喜欢布尔人、当地的原住民、当地的居民和所有实在有用的人。

危急时刻，他会像非洲的暴风雨一样可怕，但是他从不因为小事儿发脾气。他对冠冕堂皇的话和纸上谈兵毫无兴趣。他是一个真正意义上的乐观主义者。他从不用语言愚弄自己。

他不是一个财富掠夺者。"他一本书也没有。他对钱财粗心大意，而且身上很少带钱。他把股票票据随意地放在上衣口袋里或者是破旧的抽屉里。"

他很豪爽。有一次，在一个灾年，他把八万美元送给了罗德斯当地的居民。

在人生的最后一段时间，他还为自己修建了一座大房子，主要是把它用作所有来宾的旅馆。他说："这个地方不仅仅属于我，它更属于大家。"

他最喜欢的书是普鲁塔克的《希腊罗马名人传》、吉本的《罗马帝国的衰亡史》，还有马可·奥勒留的《沉思录》。

他是一个拥有伟大的个人英雄主义的人，凭借着他的无畏和坚强的意志控制人。有一次，他曾经赤手空拳走向五百名全副武装的当地人，迫使他们接受和解。

他喜欢艰苦的先锋营，不喜欢喧闹的社会。生命中唯一一段不快乐的时光就是他在伦敦被视为名人的时候。他鄙视软弱和懒惰的人，称他们为"游手好闲的人"。

二十四岁时，他就立下了雄心壮志。每一个二十四岁的年轻人也许都曾立下过雄心壮志。他留下所有的钱财建立了一个"秘密组织"，期望能够帮助英国政府重新赢回对非洲、南美和亚洲等地区的统治。让英国的旗帜飘扬在大英帝国的每一个地方，通过议会连接成一个整体。

他的目的是什么？不是征服。不仅仅是建立一个帝国。他的目的就是消弭战争，给人们带来最佳利益。

这就是他的国际联盟的观念。

罗德斯憎恨官僚主义。他从不认为小人物可以成就大事业。他相信训练、效率和人性。

他建立了一套完美的奖学金制度，一个原因是为了扩大牛津大学的财政来源，另一个原因是为了将所有说英语的民族连接起来。

# 朗达大人

朗达大人

这是大卫·阿尔弗莱德·托马斯的故事，在他人生的最后两年，被人们称为朗达大人。

D. A.，他的朋友们都这样称呼他，是威尔士历史上最伟大的商人。

他是寒武纪煤炭联合公司，一个由一万两千名收入不错的矿工组成的一个花园城市的缔造者。他创建了三十多个公司，每一个都非常成功。

他死于1918年，当时身价已达三百二十四万五千美元。他的财产本应该是这个的两倍。他总是更多地关注创建公司，而不是获得个人利益。

大卫·阿尔弗莱德·托马斯是一个建立了商业大英帝国的冒险家。不仅如此，他还是一个独立的思想家。

他是如此独立，以至于人们无法全面体会他的价值。

他出生于威尔士的一个小山村。我已拼不出它的名字。他的父亲是杂货商，虽然进入了煤炭业，但是不成功。

据说当有人跑去告诉他的父亲他母亲生的"是个男孩"时，他的父亲正站在井边，为他的损失懊恼呢。

"哦，"他的父亲说，"我不知道他将会成为一个什么样的人，但是目前我们只剩下这一间房子了。"

刚开始，年轻的大卫·阿尔弗莱德是一个很柔弱的孩子，但是他最后把自己锻炼成了一个运动员。他是一个徒步行走健将、一个游泳好手、一个自行车高手。他也是一个非常聪明的拳击手，虽说视力不好，但是他依然取得了剑桥大学中等重量级的冠军。

他总是很勇敢。作为一个少年，他曾经跳进冰湖中救了一个人的性命，并且他也因此赢得了皇家溺水者营救会颁发的一个奖章。

二十一岁时，他的父亲去世了。于是他就继承了父亲的煤炭业务。二十六岁时，他和西比尔·海格，一个煤矿主的女儿结婚了。他们有一个女儿，就是今天的朗格子爵夫人，现在正掌管着他父亲的庞大事业。

大卫·阿尔弗莱德·托马斯既涉足商界也涉足政界。他是一个自由贸易者。

作为一个政治家，他是一个失败者；或许也可以说，他不适合议会中的虚与委蛇和钩心斗角。

他是独立的。这一点即使在我们今天的社会一样也是很重要的。

政治上那些狡猾的骗子害怕他、厌恶他。他能力太强、太诚实、太无所畏惧，不适合成为政府官员。

他被内阁完全忽略，就像利弗休姆一样。有这样一个惊人的事情，大卫·阿尔弗莱德·托马斯在议会里工作了二十五年，从没有担任过重要职务。

1910年，他放弃了政治生活。他意识到自己根本不适合玩儿政治游戏。

他不是一个出色的演讲者。他的声音很弱，但是他从没有想过要为此而锻炼一下。

与政治相比，他总是对从商更偏爱一些。

商业就是他的生命。他喜欢商业给他带来的激动和商业的实用性。他是商业书籍的忠实读者。

他不是一个旁观者。他做任何事情都精力充沛。他非常喜欢自己在加地夫的大办公室和办公桌。

他的意志坚强如铁，但是他从不恃强凌弱，从不大喊大叫。他是一个安静的、讲究张弛的、精明的商人，仿佛他可以预知一切。

当然他的公司也曾发生过罢工，没有哪一个人可以请到南威尔士不会罢工的矿工。但是罢工一结束，即使罢工的领袖也很敬佩他、喜欢他。他一生都反对政府控制。他反对政府不同工但同酬的观点。

他有很多的敌人，他们试图愚弄他、欺骗他，甚至威胁他。他却说："一个人没有敌人，那么他就不是一个真正的男人。"

他鄙视那些懒惰的人、狡诈的人和不可靠的人。他不是一个理性主义者。他很了解人类的本性。但是他一直遵守公平竞争的游戏规则。

他富起来之后，并没有因此而迷失自我。他不是一个高高在上的人。他总是很和蔼可亲。他喜欢工人们。无论什么时候，相对于参议院，他更喜欢煤矿。

虽然很喜欢风扇，他却从没买过。他不能买，那谁又能呢？他拥有一大群赫里福德牛和一个大庄园。

战争期间，他把个人的事情完全搁置一边，全身心地投入到政府的工作中。

他和女儿所乘坐的"路西塔尼亚"号船沉了，幸运的是，他们被人救了起来，捡回了一条命。但是他刚一踏上英国的土地，就被要求再次穿过海洋。他义无反顾地去了。他是一个大无畏的人。

作为一个粮食部部长，他的成功没有哪一个国家的粮食部部长可以与之匹敌。每个人都认为他是公平的，他所做的任何事都是正确的。

1918年，战争重担终于把他累垮了。不久他就去世了。他把一生都献给了他的祖国。

他是一位最了不起的英国商人的典范。

他热爱威尔士，热爱矿工，热爱所有的一切。他的称号来自于朗达山谷，矿工们居住的地方。在加地夫，他的各个方面的才华展露无遗。

## 查尔斯·西布鲁克

查尔斯·西布鲁克！不，你从没有听说过他。他还默默无闻。他才刚刚起步。

他只有四十二岁，他却是世界上最高效的农民。

他一年可种植一千两百公顷土地的蔬菜，价值可达到五十万美元。

他用工厂的生产线的方式经营农场。他并不是普通意义上的农民。他不用亲自把种子

查尔斯·西布鲁克

种到地里，把下面的事情交给老天爷和小鸟们。

他是一个蔬菜的加工制造商。他的每公顷土地的产量比任何人的都要高。

既然我们谈到了产量，这个故事将会告诉我们怎么才能提高产量。无论我们工作在办公室也好，或者在工厂、农场也罢，生产的基本原则都是一样的。

这个故事我们就从查尔斯·西布鲁克的出生讲起。查尔斯·西布鲁克1883年出生在新泽西州一个叫布里奇顿的小农场里。他的父亲并不能算作一个成功的农民。

查尔斯五岁开始干活。十四岁时，他就可以做一个大人的

工作。他是一个勤劳的人，却不喜欢出汗、脏土和苦工。但是他依然做着辛苦的工作，因为他知道他必须这样做。但是每当他工作的时候，他就会想，难道就没有一种更快、更好、更简便的方式经营农场了吗？

他喜欢看书和杂志。尽其可能他几乎买了所有关于农业方面好的书籍。

他是一个读者也是一个思考者。这为他奠定了成功的基础。

二十五岁时，他产生了三个确定的想法：

（1）农田需要更多的雨水。

（2）农田需要更多的肥料。

（3）一年只种一季作物是不够的。

他开始建立一种空中灌溉系统。他在六英尺高的柱子上安装了一根铁管子，管子上打出了很多的小孔，这样喷出的水比较均匀。管子的间隔是五十英尺。他在三公顷的土地上做了这样的实验，效果非常好。

就这样，他改善了土地对自然环境的依赖。他发明了人工降雨。

二十五岁之前，查尔斯·西布鲁克为父亲工作；二十五岁之后，他的父亲为他工作。他的父亲是一个明智的父亲。

1911年，父子二人创造了两万五千美元的利益。"现在让我们把钱存进银行吧。"他的父亲说道。

查尔斯说："不，让我们把这笔钱投到土地上吧。土地是最好的银行。"

他们把钱都投到了土地上，几乎一分没剩。附近的农民还以为他们父子俩疯了。

"把赚到的每一分钱都投到土地上去赚更多的钱。"这是查尔斯·西布鲁克从书中学到的原则之一。他看到了施肥的重要性，很少有农民意识到这一点。他发现土壤也需要创造。

普通的土壤根本不是真正的土壤，虽说每一个有着四个轮子和一个传动箱的东西都可以被叫作机车。普通的土壤只是为种植提供了一个场地。

因此，年轻的西布鲁克开始制造土壤。他在每公顷新土地上投放了一百吨肥料，在每公顷旧土地上投放四十吨肥料。然后每公顷土地投放三吨骨粉。每吨六十美元，最多可投入一百吨。

每公顷一百吨肥料！每吨二点五美元，每公顷投入三百七十美元的肥料！毫不奇怪，其他的农民都嘲笑西布鲁克，还有他从书中学到的东西。

首先，土地的灌溉费用就达到每公顷三百美元。土地的第一笔投入不少于每公顷一百五十美元，所以，仅一公顷土地的总投入就是：

第一笔投入：一百五十美元

灌溉费用：三百美元

肥料的费用：三百七十美元

总计：八百二十美元

西布鲁克农场成了一个笑话。直到第二年，村子里食品杂货店的老板讲了一个惊人的故事：查尔斯·西布鲁克每公顷土地盈利超过两千美元。自那以后，再也听不到其他的农场主们嘲笑的声音了。他们还不明白发生了什么，但是他们多么希望能够知道发生了什么。

为了让大家更好地了解西布鲁克到底做了什么，现在我将他的农场横木记录的一页纸展示给大家，让大家了解他的每公顷土地到底发生了什么。

二月二十五日，种植菠菜。四月十五日，售出菠菜，收入一百五十美元。五月十日，种植马铃薯。八月十日，售出马铃薯，收入四百五十美元。八月份种植长叶莴苣，同时套种草莓。十月份售出长叶莴苣，收入五百美元。共收入一千一百美元。

第二年，卖出一半草莓，收入六百美元。

第三年，一茬草莓，售出后收入一千三百美元。一茬莴苣，收入一千美元。一茬菠菜，收入一百五十美元。共收入两千四百五十美元。

这样平均起来，每公顷土地收入一千三百八十五美元。因此每公顷土地总利润大约是六百五十美元。

西布鲁克每年种三茬作物，有时可达四茬。例如同一年他可以在同一块土地上种植菠菜、马铃薯、莴苣和菠菜。

每公顷土地上一茬马铃薯的产量可达六百零四蒲式耳。每公顷土地上草莓的产量可达八千五百夸脱。

他最擅长种植莴苣，因为他发现莴苣的利润最高。下面是他一年的销售情况：

莴　苣……$112,050

卷心菜……－ 39>245

萝　卜……36,800

波　菜……3★>97

洋　葱……24,770

马铃薯……21,760

草　莓

黄　瓜

查尔斯·西布鲁克现在有土地一千二百公顷，但是差不多所有的产量都出自二百公顷的土地。他已经组织他的农场成了一个股份公司。它有可支付资本五十万美元。每年可盈利20%。

农场里有员工三百名，浆果采摘时期，农场里工人的数量会增加两倍。工人们住在整洁的用混凝土建造的房屋里。他们全年每天工作十个小时，按周结算工资。

如果你想问："冬季的时候他们做什么？"答案是"在西布鲁克的农场里没有冬天"。

农场里有六个巨大的暖棚，每个都是六十英尺乘以三百英尺大小。每一个的建造成本一万美元，最初他们被称为"西布鲁克的花房"。

暖棚使西布鲁克农场的种植时间延长了。他们解决了冬天无法种植蔬菜和水果的问题。暖棚使西布鲁克可以跳出四季的局限种植蔬菜，而且销售价格很高。他打算建造更多的暖棚。

冬季的时候，工人们就进入到农场里的盒子工厂工作，制作十万个盒子以备自己所需。

　　农场里还有一个很大的办公室，里面配有自己的打字机、高速度计算机以及文件柜。

　　农场里还有一个冷冻储藏库，规模有六十乘三百二十五英尺那么大，一个可以容纳四辆拖拉机和八辆运货车的车库、一个可以容纳五十匹马的马厩、一个机器修理车间和专用的铁路线。

　　"这不是一个农场，" 西布鲁克说，"这是一个食品工厂。"

## 霍伊尔·塞卢斯
-------------------------

　　1920年，霍伊尔·塞卢斯的高贵雕像在伦敦的南肯辛顿博物馆揭幕了，他的雕像被放在了他的丛林战利品中间。周围摆放着象牙、鹿角、水牛角和狮头。他是迄今为止最伟大的猎狮者之一。他射杀过三十一头狮子、两百头水牛，还有很多大象，

霍伊尔·塞卢斯

至于数量没有人能数得清。

他仅凭借着勇气和一支来福枪，在非洲和美国、加拿大等人迹罕至的地方生活了四十年。他是一个英雄，数千次死里逃生。他喜欢冒险，不喜欢安逸的生活，他的一生都生活在危险当中。

霍伊尔· 塞卢斯出生于1851年，他在伦敦的家离动物园很近。他的全名是弗雷德里克·考特尼·塞卢斯。他的父亲是证券交易所的主席。

他的母亲是斯科特冒险小说的忠实读者。她经常把书中的故事讲给孩子们听。这些故事给塞卢斯留下了深刻的印象。从小他就想成为一个野生动物的猎手。

在学校里，老师们对他彻底绝望。他总是麻烦不断。他的一个老师说："他根本不遵守规则。他会爬出窗户去掏鸟窝。大家不断地抱怨他干扰了大家的学习。他曾把一个老师关在了一个牛棚里。他简直就是我们的灾难。"

就在他十二岁的时候，在一天夜里，老师发现他正穿着睡衣，躺在屋里的地板上。他却说："哦，你看，将来我要去非洲做一个猎手，我正在锻炼自己，这样的话，将来我就能够睡在地上了。"

十七岁的时候，他离开学校开始了旅行。他曾试图做一名医生，但是很快他就放弃了，去了非洲。他身上带着两千美元，在阿果亚海湾住了下来。十八岁的时候，他就能够猎捕大型动物了。

然后，他就立刻向非洲深处进发了。他直接来到了马特比利的国王洛本古拉面前。"我需要您的许可去猎捕大象。"他说。

洛本古拉笑了。"难道你是说兔子吗？"他问。"你还只是一个孩子。"

"我要去猎捕大象。"年轻的霍伊尔·塞卢斯说。

"你喜欢去哪儿就去哪儿吧。"他说，"你是不会有什么收获的。"

几周以后，霍伊尔·塞卢斯回来了，还带回来四百五十磅的象牙，赚了一千五百美元。

洛本古拉被惊呆了。"哎呀，你不再是一个孩子了，"他说，"你已经是一个大人了。现在你得娶个妻子了。"

很多年以后，当马特比例人攻打英国人的时候，正是霍伊尔·塞卢斯带领着英国的士兵打败了洛本古拉，并驱逐了老国王。往日的"孩子"废黜了老国王，并为大英帝国又增添了一块领土。

也正是塞卢斯把马绍纳兰的情况告诉了塞西尔·罗德斯。他开辟了穿越非洲丛林的第一条道路。现在这条路已经被命名为"塞卢斯路"。

尽管他经常返回英国，但是霍伊尔·塞卢斯的大部分人生都是在地球上的蛮荒之地度过的。他的一生经历了无数次的冒险。他鄙视舒适和安逸。

霍伊尔·塞卢斯并不单纯是一个野生动物的屠杀者。他捕猎是为了贸易和科学。他首先是一个自然学家。他对捕杀狮子和捕捉一个新品种的蝴蝶一样感兴趣。如果没有确切的理由他是不会捕杀动物的。

他一直非常喜欢冒险。他经常带着旧枪就去打猎了，其中有一次还给他留下了一生难以抚平的伤疤。他的一支最好的枪曾经达到四百五十次一击命中。

他的意志坚强如铁。没有什么可以阻挡他。困难越大，他的决心就越大。

他是一名忠实的读者。他最喜欢的作家是狄更斯、拜伦，还有哈代。他自己也是一个作家。他写得最好的书也许是《一个猎手的非洲漫游》和《非洲自然手记》。

他是朋友们中最擅长讲故事的人。他有洪亮而且富于磁性的嗓音，语言丰富。他是这个世界上西奥多·罗斯福最喜欢的几个讲故事的人之一。

对于自己的探险行为，他很谦虚。"仅仅是因为我的收获比较多，"他说，"并不能说我是一个特别好的猎手。"他从不自吹自擂。不像那些捕几只兔子就沾沾自喜的人，他并没有因为自己捕杀过31只大象就四处炫耀。

他是一个稚气未脱的简单的人。他不喜欢律师、政治家、教授和那些善交际的人。他很风趣，他是真正的"彼得·潘"。他是所有童子军的偶像。

尽管他几乎一生都生活在野人和野兽中间，但是他一直是一个温柔而且举止优雅的人。他不是一个玩世不恭的人。

他热爱运动。他是一个优秀的板球手。他的马骑得也很好。他还很喜欢骑自行车，他五十七岁的时候，还曾经骑过一百英里。

他的感觉异常敏锐，他的听觉和视觉像印第安人一样好，他有非凡的观察力。

　　他的生活很简单，身体也很健壮。他只喜欢喝茶，而且喝得很多。他说他最喜欢的食物就是"肥嫩的麋鹿和茶"。六十三岁的时候，他的身体依然很挺拔、强壮，看起来也很帅气。他的双眼像天空一样清澈透明。

　　当第一次世界大战爆发后，他跑到了战争办公室，请求参军。人家却说"你年龄太大了"。

　　但是他依然坚持，最后他被派往东非。在他所在团的所有军官中，他是唯一没有受伤住院的人。凭借着优秀的战绩，他被提升为少校。他带领着士兵们英勇战斗。在一次和德国人的战斗中，他被一个狙击手击中。他被士兵们用毯子裹起来，埋葬在他喜爱的野生丛林里一个不知名的地方。

　　他是非洲的加拉哈德。他是"快乐的勇士"。他像很多人一样，为非洲带来了英国式的公正、真实、勇气和公平竞争的理念。

# 斯怀尔·史密斯先生

判断一个人的一生成功与否的最好的方式就是他的葬礼的规模。这是他的交友能力的最后的展示。

因此，从这一点上来判断的话，斯怀尔·史密斯先生是成功的。

在他的葬礼上，七百多吊唁者跟在灵柩的后面，马路两

**斯怀尔·史密斯先生**

旁还有成千上万的群众也来为他送行。他活了七十六岁。就其生活质量来说，他是他那一代人中几个生活质量最高的人当中的一个。

斯怀尔·史密斯先生是纺纱之王。同时他也是一个运动员、一个智者、一个歌唱家、一个旅行家、一个教育家、一个朋友和一个先锋者。

他是约克郡的彼得潘。七十六岁的他心态比很多三十岁的

人还年轻。

1842年，斯怀尔·史密斯出生于基斯利的一个小村庄。现今，在技术教育方面和购买战争债券方面，基斯利在英国都名列前茅，这一切主要依赖史密斯先生的努力。他的父亲有一个小型的机器商店。他是一个卫理公会教徒，年轻的斯怀尔从小就受到最为严厉的约翰·卫斯理原则的影响。

他是一个快乐的男孩，有一双蓝眼睛和一头卷曲的头发。像很多正常的男孩子一样，他有很多的鬼主意。十六岁时，他到了一家纺纱厂工作。

二十岁时，作为一个羊毛纺织工，他用一千八百美元建立了自己纺纱作坊。他做得不是很成功，因为他从来都不是一个赚钱狂。羊毛生意很惨淡，而且充满了很多不可预知性。

他一直都很迷茫。直到二十五岁那年，他听了一场塞缪尔·斯迈尔斯的演讲，才真正认识了自己。塞缪尔就是《自己拯救自己》一书的作者。

那个时候，塞缪尔·斯迈尔斯正在英格兰和苏格兰四处讲学，还写了很多关于效率和技术教育的必要性的书。他在原始丛林中高声疾呼，他警告说英国、美国和德国就要成为世界强国了。

斯怀尔·史密斯的热情已被他的演讲点燃。

很快他就成了机械学院的秘书。

那个时候基斯利仅有两万人口，几乎没有人对技术教育感兴趣。但是年轻的斯怀尔让大家出资来办技术教育。他为技术学校集资五万五千美元。学校终于在1870年成立了。

学校的目的就是要将科学和艺术的原理应用到商业和贸易的活动中去。基斯利为技术教育开了先河，但是英国并没有追随这种风尚。如果他能重视技术教育的话，今天的英国将是一幅更加美好的景象。

基斯利的这所小学校培养了自动织布机的发明人诺斯罗普，还培养了"静寂"小船的发明者W. H.沃特金森，以及皇家科学学院的创始人阿尔弗雷德·福勒。

这件事在议会里引起了轩然大波。终于在1889年通过了技术教育法案。这个法案投资上百万英镑建立了很多同样的学校。

那个时候，基斯利因已拥有一千四百多名学生而处于领先地位。

基斯利不仅在英国兴起，在美国也兴办起来了。安德鲁·卡耐基是斯怀尔·史密斯的终生朋友。他参观了基斯利，看到了学校，然后立即回到了匹兹堡，建立了美国最大的技术学校。

你看，所有的这一切都源于一个二十五岁的小伙子听了塞缪尔·斯迈尔斯的演讲之后所激起的热情，仅仅是一场关于效率的演讲。

当斯怀尔·史密斯三十九岁的时候，他说服政府为技术教育任命一个皇家委员会。他和另外六人被任命为这个委员会的成员。

这个委员会到了德国，在那里发现了很多惊人的事实。他们发现汉堡的员工培训学校学生人数达八千人。他们还发现斯图加特一个小镇上的学生人数比利物浦的还要多。

他们又来到了法国、瑞士、美国和加拿大。他们的调研报告促进了英国大部分的行业中技术教育的发展运动。

政府承认，这个报告"主要根据斯怀尔·史密斯的笔记编写而成"。

作为一个雇主，斯怀尔·史密斯先生为大家树立了一个好榜样。他的计划是"通过高工资雇用最优秀的员工"。他在自己的工厂内开办了员工培训学校，并为想要接受更好教育的员工提供一半的培训费用。

当他在家的时候，他一天走访工厂两次。他能叫出所有员工的名字，而且还经常和员工在餐厅一起吃午饭。

有一次，一个小男孩在街上指着他对另外一个小男孩说，"看，那个人！他在我们的工厂工作"。他听了之后很高兴。

斯怀尔·史密斯相信"快乐和百分之四十原则"，但是他更喜欢前者。他的信条是"如果你的工作影响了你的幸福，那么你最好放弃你的工作"。

作为一个说故事的人，鲜有人出其右。无论他在哪儿，都能给大家带来一片笑声。他的故事多得数也数不清。

他有一副非常棒的男中音的嗓音，总是喜欢唱古老的民谣或者是一小段歌剧。

作为一个演讲者，他很开朗、风趣、务实。他一点儿也不古板。荣誉没有使他变得世故。他一直都像一个孩子一样。

就在他去世以前，他还学了一种新的舞蹈，还给几个孩子写了一些让人捧腹大笑的信。

尽管他有很多次爱情的经历，但是他一生没有结婚。他从不觉得孤独。世界就是他的家。

这就是斯怀尔·史密斯先生。威尔·克鲁克斯曾评价他是"英国真正教育的先驱者"。

# 弗雷德里克·温斯洛·泰勒

弗雷德里克·温斯洛·泰勒

这是泰勒的故事。这是关于工业效率的倡导者——弗雷德里克·温斯洛·泰勒的故事。

1856年，泰勒出生于费城的一个郊区。在内战期间，他还是一个孩子，不懂世事，对这场战争根本不了解。

他的父母不算富有，但也不贫穷。实际上，他们的经济条件还不错，足以把年轻的他送往法国的学校去读书。但是他们决定把他送到哈佛大学学习法律，将来成为一名律师。

他是一名优秀的学生。他学习太过努力，以至于弄伤了眼睛。十九岁的时候，由于视力的原因，他不得不离开学校。

他走出去，在家附近一家小机器店里找到了一份做学徒工的工作。他在那儿工作学习了三年，成了一名机械师。而且他还学会了制作模型。

二十二岁时，他来到了米德维尔钢铁公司，得到一份辅助工的工作。但是他并没有做很长时间的辅助工。

第一年，他是车床工的领班。

第二年，他成了机械车间的助理工头。

第三年，他成了工头。

第四年，他成了主管修理和维护的首席技工。

第五年，他成了首席绘图员。

第六年，他成了一名首席工程师。

他一路从辅助工晋升为首席工程师经历了六年的时间。在这段时间里，他的视力也有了改观，而且还利用晚上和周日的时间在史迪温理工学院进修工程师课程。就在他二十五岁时，当时他还是一个工头的时候，他第一次把科学的方法应用于制造业。

凭借着他的众多的发明，他得到了公司的一只股份。1901年，他退休了，不再忙于赚钱了。正像他所说的："我再也没有能力工作赚钱了。"

泰勒不是一个天才。他也不聪明。但是他做事情精益求精。也许他成功的秘密就是他的自重。他做事情坚持不懈，世所罕有。一旦他开始做一项工作，不取得成功他绝不会放弃。

正如他自己所说，他的成功应归因于他一直咬牙坚持。

有一次，他在描述自己的性格特点时，他说自己有"做自己不喜欢做的事情的能力"。

泰勒认为，如果一个人只做自己喜欢做的事情，他只能算是一个不务正业的人。不管你喜欢与否，做需要你去做的，这才是做事情的关键。

例如有一次，尽管泰勒不喜欢记账，他仍强迫自己学习记账，因为他发现速算对于一个制造者来说尤其重要。

泰勒把自己变成了工作的仆人。

他以极大的热忱和永不消退的耐心全身心地投入到大部分人都忽略了的平凡的日常工作中。简而言之，这就是他成功的秘密。

泰勒是一个实干家。从一定意义上讲，他不是一个像赫伯特·斯宾塞那样富于创新观点的人。他几乎没有什么想象力，也不善言谈。他非常质朴，说话直截了当。

如果他遇到了困难，他从不曾想过规避困难或者绕开它。他会直面困难。他会认真研究并且解决困难。

他的一生始终坚守坚持不懈的做事原则。

泰勒一点儿也不喜欢社交生活。他从没想过要粉饰自己或取悦于人。他对于人关心得很少，他更多的是关心事情的真相。他是一个执着地追求事实的人。

泰勒决不会违背自己的原则而去迎合公众的观点。他与政治家截然不同。他不在乎别人的看法，甚至不在乎自己的看法。他只有一个目标，从没有试图为了自己或者为了自己的方法走捷径。他孜孜不倦地学习，一旦他发现真相，就会坚持到底。

他让自己富了起来。而且他让公司也富了起来。更好的是，他又重建了世界上的机械厂区。

泰勒不是一个天才。不管怎样，他一直强烈地否认这一点。他总说他没有任何与众不同的能力，有的只是勇气和常识。以他的观点，他的成功应归因于"每天的坚持不懈"。

在他后期的生活中，他是众人的老师。但是在他早年的时候，他就是一个学生。他总是不断地从书本上、从老人那儿和他自己所做的实验中获取指导。

作为一个年轻人，由于他主动加班加点地工作和对机器的精心照料，他得到了迅速提升。经理们很快就注意到了他，并认为他就是那个他们所需要的人。

从老前辈们那儿得到的一些建议给他留下了深刻的印象。老前辈注意到了还是学徒工的他，派人去找他，对他说："如果你想要取得成功，我愿意告诉你应该如何去做。如果你的老板让你早晨七点开始工作，你一定要提前十分钟开始工作。如果你的老板让你一直工作到晚上六点，那你一定要工作到六点十分。如果你还听不懂我所说的话，那么，你依然不了解怎么样才能取得成功。"

一天早晨，那个时候泰勒还是一个工头，一个阀门坏掉了，迫使整个部门不得不停工。泰勒跑遍了整个费城也没有买到阀门。他跑遍了城市里的每一个店铺，还是没有找到。根本就没有这种阀门。

他又回到了工厂，来到了总经理的面前，向他讲述了他找遍了整个城市也没有找到阀门的经历。总经理瞪着他。

"你是想要告诉我，你还没有买到阀门吗？"

"是的，先生。"

"别说这些废话了，赶快去找到我们需要的阀门。"

泰勒跑到了九十英里之外的纽约，终于买到了那个阀门。从这件事中，泰勒得到了一个重要的教训。就像他曾经说过"我们所要提供的不是原因而是结果"。

还有一次，著名的布朗和夏普工厂的老人夏普在1876年时说的一句话也给他留下了深刻的印象。夏普问他："你认为什么是成功？"

"哦，"泰勒回答说："我想要成为一个机械师，每天能够挣二点五美元。"

"不，"夏普说，"这个不足以成为你的目标。当我还在你这个年龄的时候，我就决定我要学会怎么样才能比其他人做得更精确一点儿，以及怎么样才能做到一年更比一年好。"

泰勒在一个非常有名的工程师威廉·塞勒斯的手下工作了五年。有一天，他去向塞勒斯抱怨有一个坏脾气的经理对他很不好。他非常详细地把自己的麻烦告诉了塞勒斯。

塞勒斯耐心地听他讲完了之后回答道："从这件事中我知道你还是一个稚嫩的年轻人，你知道吗？在你到我这个年龄之前的很长的一段时间里，你将会明白你不得不承受很多委屈，如果这些委屈真的严重地影响了你的消化，你就要勇敢地承受这些委屈。"

年轻的泰勒把老人夏普和塞勒斯的话深深地记在了心里。他决心绝不会让抱怨和暴躁的脾气降低了他的人格。

有一次，一个排水管堵住了。那时他已经被升为一个小部门的经理了。这个排水管在工厂下面二十五英尺深的地方。他派了一小队人去处理此事。他们用连接起来的竹竿去疏通，但是失败了。他们说这个地方必须被挖开。

这么做的话，工厂就必须停工几天，所以泰勒决定自己下去疏通排水管。他脱掉衣服，穿上工作服，把鞋绑在肘部和膝盖上，爬进了排水管。

为了不被淹死，有好几次他不得不在排水管突起的地方抬起头来。他在黑暗中向前爬了100多码的距离。他终于找到了堵塞物，把它拉了出来，然后从淤泥中爬了出来。

他出来后满身都是脏兮兮的东西，但是他成功了。他的同事们嘲笑他，但是公司的主席听说了这件事以后，就把这个故事告诉了董事会。他为公司节省了很多钱。这件事使他又一次得到了提升。

泰勒具有超强的意志力和独立性。首先，他很强壮。没有人能够击垮他。一旦他开始一件工作，任何人都无法阻止他。

他有些粗鲁。他兴奋的时候，语言太过形象生动，无法记录成文字。有的时候他也会说粗话。有一次，一个议会委员谴责他的语言粗俗，他很抱歉地说："我担心，先生，我没有什么文化。"

泰勒的故事里没有虚构的成分。

对于愚蠢的人，他没有丝毫耐心。他蔑视所有的欺诈行为，只有强者才能够这样。

他的思路宽阔，从不为琐事担心。如果他穿上了衬衫，打上领带，很帅；如果他不穿，又有什么关系呢？他无暇顾及这些小事。

从很大程度上来说，他的出身很好。他的父亲的祖先是英国人的朋友，他的母亲是清教徒家庭斯普纳的后裔，当年他们乘坐"五月花"号来到了美国。

但是泰勒并不在乎出身，对学习也几乎没有什么兴趣。他从不摆架子。相对于教授，他更喜欢工人。他一直都是一个朴实、坦率的人。大家都很尊敬他，还有一些人很爱他。

对于工人领袖和董事会成员，他都不太喜欢。他一生中大部分的时间都用在与这两者的斗争中。他认为这两种人在阻碍进步方面是臭味相投的。

他不相信工人会被娇惯坏。他认为员工们应该受到公平的待遇，应该有足够的权利去做他们自己喜欢做的事。

在泰勒的时代，福利制度还只是刚刚起步，也犯了很多错误。在泰勒看来，最重要的是，员工福利的用处就好比往车床上放彩带，华而不实。

泰勒与工人们一起工作，他不惧怕他们，如果他们做错了，泰勒会以一种令人难以忘怀的方式告诉他们应该怎么做。他不是一个容易相处的头儿，但是他很公正。他总能和工友们打成一片。

即使在他的晚年，他富了，也出名了，他仍旧把自己当成一名工人。再也没有比穿上油乎乎的工作服和工友们一起工作更让他开心的了。

他认为工人们应该得到高报酬，但是他认为大家是工人，而不是强盗。他说公司的责任就是为员工提供一个尽可能多赚钱的公平的机会；同样，如果一个工人消极怠工，你也可以请他走人，另谋高就。

工作中公平竞争，实现双方共赢是他坚持的信条。

他鄙视懒惰、阴谋诡计和卖弄，把它们视为三大罪恶。每到一个工厂他都会不遗余力地把这三大罪恶除掉。

在工作中，他爱动脑筋，工作成为了他的一种乐趣。他把工作提升到了科学的高度。

他从不把钱看得很重。他曾经说过："所有的发明都是为了给人类带去更多的幸福。"

工友们放下自己的工作去参加他的葬礼。对于他们来说，他是一个最伟大的领导。他是一个"干干净净的人"，工人们都这么说。

就在他去世前几周，在他最后一次的公共演讲时，他说："我们一定要记住，我们商业中最重要的事情就是正确的关系。"

这就是弗雷德里克·泰勒，工业效率的创始人。他是一个伟大的人，同时他也是一个伟大的工程师。

## 詹姆斯·瓦特

每一个父亲都应该给孩子讲这个故事，每一个雇主都应该给员工们将这个故事——振奋人心的发明家瓦特的故事。

詹姆斯·瓦特发明了蒸汽机。他开创了蒸汽时代。

1736年，詹姆斯·瓦特出生于苏格兰的克里诺克。那个时候，没有工厂，没有铁路，

詹姆斯·瓦特

没有蒸汽轮船，没有机器，没有免费的学校，没有便士邮费，也没有自由贸易。

他小时候身体虚弱。他没有上过什么学，大部分的知识都是由妈妈教给他的。

他是好书的热忱的读者。十五岁时，《哲学的要素》一书他读过两遍。

他的父亲和祖父都是机械师，所以，当他是一个孩子时，小"杰米"，大家都这么叫他，把时间都花在了三件事情上：

制作玩具机器。

读严肃的书。

在树林里漫游。

他喜欢做实验。有一次，他花了一个小时的时间研究茶壶。他把壶嘴盖上，来测试蒸汽的推力。他的阿姨看见了，告诉他这样是在浪费时间。

十七岁时，他的母亲去世了，他的父亲也突然之间变成了一个穷光蛋。詹姆斯来到了格拉斯哥，找了一份修理眼镜、鱼竿等物件的微不足道的工作。

十九岁的时候，他骑马去伦敦旅行。这是他一生中的第一件大事。

那是在1755年。旅程一共十二天。这是一次非常危险而且很不舒服的旅行。

瓦特留在了伦敦。他在一个制作科学仪器的小店里工作。接着，他又回到了格拉斯哥。

他被招进了格拉斯哥大学修理科学仪器。这是他人生的第二件大事。

有几个教授很欣赏瓦特。他们在大学里给他提供了一间工作室。在这儿，瓦特修理大学里的仪器，也帮助外面的顾客做些渔具。他甚至还做了一些改进了的乐器。

二十三岁的时候，发生了瓦特一生中的第三件大事。他在大学里找到了一个蒸汽机的旧模型。当然这并不是一个实用的蒸汽机。这个蒸汽机根本不好用。它却吸引了瓦特。他立刻开始研究蒸汽。

开始的时候，他遇到了一个大障碍，关于蒸汽方面的书籍大部分都是用法文和意大利文写成的。英文的书籍很少。瓦特就马上开始学习法语和意大利语。他坚持不懈地学习，后来他已经能够读懂那些关于蒸汽的书籍了。

1764年，他结婚了，他的妻子在事业上给了他很大的帮助。他的事业做得很好。这个时候已有十六名工人，每年的净利润可达三千美元。

这个时候他还只想着蒸汽机。1765年，他给朋友写了一封信，信中说："我所有的念头都放在这个机器上。"他做了一个简易的模型，不好用。他又做了第二个，还是不好用。他又做了第三个、第四个。

那个时候，世界上没有一个工厂能做出一个完美的轮子。这就给瓦特造成了很多麻烦。

他荒废了公司业务，欠了很多债。

就在这个时候，他的人生中的第四件大事发生了。他遇到了罗巴克博士——卡伦铁工厂的创建者。

罗巴克博士是敢于在蒸汽机上投资的第一人。他给瓦特五千美元还清了债务。作为回报，瓦特将给罗巴克博士蒸汽机利润的三分之二。

瓦特从来就不是一个会做生意的人。他不喜欢买来卖去。他只是一个发明家。

他的身体一直不好。他曾数度陷入沮丧。他经常头疼。但是他一直坚持，终于在1769年的时候，他获得了自己的第一个专利。

1769年1月5日，瓦特和阿克莱特获得了第一台蒸汽机和第一台织布机的发明专利。

现在瓦特已经拥有了蒸汽机的完整的设计，但是没有哪一家工厂可以制作蒸汽机。一个又一个的模型要么失败了，要么就是不工作。他没有合适的包装，不得不用旧帽和软木塞。所有的模型都有漏气问题。他找不到一个有制作蒸汽机的能力的工人。

他的债务不断地增加。他的朋友罗巴克博士也破产了。对他打击最大的是，他的妻子在这个时候去世了。接着，他的人生中的第五件大事发生了，他遇到了马修·博尔顿，这事发生在1773年。

马修·博尔顿在伯明翰有一个模型工厂。他是制作钟表的。他是当时能力最强的商人和思想家。他是富兰克林、韦奇伍德和普里斯特利的朋友。他是一个组织者。他是一个商业天才。他是一个品格高尚、才能出众的人。

罗巴克博士欠博尔顿一千美元，博尔顿就以瓦特的专利的三分之二利润作为罗巴克债务的偿还方式。所以，在1774年，瓦特和他的蒸汽机就从格拉斯哥搬到了伯明翰。一路上每个人都嘲笑这台机器，因为它是用马车拉着的。

就在这一年里，瓦特通过帮人测量挣了一千美元。他把其中的一部分给了罗巴克博士。他自己的个人消费每周仅需十美元。

当时的俄国政府许诺每年给他五千美元，请他去克朗斯塔特一个安逸的政府部门工作，但是他拒绝了。他还是坚持与博尔顿和蒸汽机待在一起。

就在这时，他的一个工人把蒸汽机的图纸偷走了，并把它卖给了另一家公司，结果造成了一场竞争。为了自我保护，瓦特不得不延长他的专利七年。伟大的伯克在议会里做了一个庄严的演说反对这次专利延长。但是没有效果。

接下来发生了瓦特一生中的第六件大事。瓦特遇到了威尔金森，一个知道如何制造好轮子的人。很快，瓦特的蒸汽机就变成了一个实用的机器。

很多煤矿来订购蒸汽泵。博尔顿接下订单，第一年制作了六十五台蒸汽机。从此刻起，蒸汽机真得成功了。

1802年，一个朋友写信给瓦特，他在信中说："为什么不用蒸汽代替驿马呢？为什么不用在铁路上呢？"这是第一个关于建造蒸汽铁路的建议。

第二年，富尔顿从瓦特和博尔顿的公司订购了一台蒸汽机，于是在1807年的时候，第一艘蒸汽轮船就航行在了哈得逊河上了。到了这个时候，竞争对手多了，官司也多了。瓦特和博尔顿赢得了所有的官司，但是也付出了昂贵的代价。一个伦敦律师索要三万美元的律师费。

瓦特和博尔顿一起合作了二十五年。他们退休之后，他们的儿子又延续了他们的合作伙伴关系。瓦特有两个儿子，博尔顿有一个儿子。

到1824年，博尔顿和瓦特已经制作了一千一百六十四台蒸汽机，一共二万五千九百四十五马力。一台蒸汽机的马力相当于四十五亿个人的力量的总和。

在瓦特年迈的时候，荣誉就像雨点般落下来。他得到了无数的奖金和表扬。1819年，他在斯塔福德郡的希思菲尔德逝世的时候，整个文明世界的人都知道他。

为了纪念瓦特，在威斯敏斯特大教堂的里面树起了一块匾额。布鲁厄姆为其庄严题词："他扩大了国家的资源，……他增强了人类的力量……"

# 乔治·威斯汀豪斯

我请大家为自己留出五分钟的时间来读一读乔治·威斯汀豪斯的故事，原因有以下几点。

（1）他是一个发明家，建立了一个资产六千万的公司。

（2）他是一个雇主，拥有五万员工，却从没有发生过罢工。

乔治·威斯汀豪斯

（3）他是这样一个人，虽然富了，名气大了，但是依然保持平淡、友好、实用的生活方式，直到生命的最后一天。

他去世于1914年，弗朗西斯·E.莱普为他撰写了非常有趣的传记。

像很多伟人一样，威斯汀豪斯家境贫寒。他的父亲是一个农民兼木匠，住在一个小山村里。

威斯汀豪斯出生于1846年。值得一提的是，在他出生的前一年，他的父亲正忙于打谷机的发明。上天好像早在威斯汀豪斯出生之前就注定了他长大以后会成为一个发明家。

上学的时候，年轻的乔治·威斯汀豪斯成绩并不好。至少像他老师所说的，他是一个块头很大而且笨拙的男孩，一个好斗的人，性格倔强，脾气不好，难以驾驭。

他的成绩总是班里的最后一名，他的父母和老师想，他将来会成为一个什么样人呢？像达尔文、爱迪生、克莱夫，还有很多人一样，他是一个"将来会变成一只天鹅的丑陋的离群的"孩子。

每次他从学校里跑出来，都会用他的折叠刀做一些东西。通常情况下，他的爸爸抓住他以后，都会把他的引擎砸得粉碎。

最后，他父亲的工友们很同情小乔治，在干草堆里给他搭了一个小小的工作室，这样他那残暴的父亲就再也找不到他了。

十四岁的时候，他放弃了学业，成了他父亲手下的一个工人，每天有五十美分的工资。即使这样，他的父亲也认为太多了。尤其当小乔治花很多时间试图发明一个机器帮助他干活时，他的父亲不明白他真正的目的，总会说："他的那个想法就是为了逃避劳动。"

十七岁时，他参加了内战，成了一名士兵。他加入了骑兵，因为他认为骑马要比走路容易得多。但是他非常失望，因为他发现他不得不照顾自己的马匹。

十九岁时，他进入大学学习，但是他觉得很不自在，就好比鱼离开了水，生活在一袋羽毛中。

"他是我的绝望。"一个教授说。他的大脑所渴求的是创造性的工作，而不是记忆一成不变的语言。

于是，遵从大学校长的建议，年轻的威斯汀豪斯放弃了学业回家了，成了一个机械师。他为他的父亲工作，每天的薪水只有两美元。

二十岁的时候，他目击了一次火车失事。两列客车脱轨，线路中断两个小时。

这次事故使他立刻产生了要发明一个在半个小时内可以使车停在轨道上的东西。他为此申请了专利，实际上，他还找到了两个人，他们各用五千美元买了他专利中的一只股份。

这是他真正的事业的开始。

从那一刻起，他的一生都致力于铁路改进的发明。

在这期间，他恋爱了。他在一列客运火车上遇到了一个美丽的女孩玛格丽特·沃克。似乎他所有的好运都来自于火车。

他追求这个美丽的女孩并最终娶她为妻，而玛格丽特·沃克也成了他事业上不可分割的伴侣，不管他成功还是失败。

他的妻子有她自己的行为方式，如同他一样也非常聪明，很有创造力。对于威斯汀豪斯来说，他的妻子胜过这世界上的任何东西。她一生都与他同甘共苦，生死相随。

就在婚后不久，威斯汀豪斯又碰到了一次火车失事。两列火车迎面相撞。铁轨是水平而笔直的。他问了事故是怎么发生的。

"两个司机彼此都看到，但是他们停不下来，"站长说，"他们没有足够的时间让火车停下来，火车不可能在一瞬间停下来。"

威斯汀豪斯仍旧在问为什么。他研究了老式的手刹车系统，并没有找到什么突破口。

需要更好的刹车方法，这样火车司机才能及时把车停下来。这个问题，他研究了几个月的时间。他试图用一条长链子，由司机控制，但是这种方式很笨拙。他又试着用蒸汽，但是这种方式又严重受制于天气。

接着一件幸运的事发生了。一天早晨，一个年轻的女人来到了他的办公室，想请求他订阅一本叫"时代的生活"杂志。

她请求威斯汀豪斯，但是威斯汀豪斯相当粗暴地拒绝了她，她伤心地走了。他注意到这个女人很温柔、胆子很小，对于自己刚刚的粗暴态度，他感到很抱歉。他又重新把她叫回来，并给了她两美元。

"你可以给我送几个月的杂志。"他说。

第一份杂志很快就到了，从来不看书的威斯汀豪斯惊喜地发现杂志上有一篇文章，而正是这篇文章帮助他解决了刹车问题。

文章的题目是"在蒙特塞尼隧道里"，作者是一个英国的工程师，文章讲述了他们是如何用压缩空气打通隧道的。

那个工程师讲述了压缩空气如何被带入三千英尺的管道里，如何推动钻机穿透蒙特塞尼坚硬的岩石的。

威斯汀豪斯惊喜地大叫起来。这个就是他所需要的灵感。如果压缩空气可以推动钻机，为什么不能用来控制火车的刹车呢？

他放下一切事情，使自己全身心投入到制作第一个气体刹车器的工作中去。几个星期后，他的制作完成了。气体刹车器的效果很好。顷刻间，他已经成了全世界最伟大的发明家。

当然，他也遇到了每一个开路者都会遇到的种种困难。铁路公司的人认为他是一个猪脑子的笨蛋。他自己的父亲也拒绝为了这样一个像孩子的玩具似的气体刹车器而借给他一分钱。

威斯汀豪斯找了一家又一家的铁路公司，大部分铁路公司的经理都把他当作一个疯子。

"风能把车停下来！接下来呢？"

最后他终于找到了狭长地带铁路公司的W. W. 卡得，一个很有胆识的人。

卡得先生同意让威斯汀豪斯做一次实验，条件是他需要自己负担所有的费用。

当时，威斯汀豪斯分文皆无，但是他还是接受了这个条件。他找遍了所有的朋友，借到了他能够借到的每一分钱。那个时候，一个叫拉尔夫·布莱格里的年轻人给了他最大的帮助。

试运行开始了。司机是热情的年轻人丹尼尔·泰特。就在试运行开始前，威斯汀豪斯给了泰特五十美元的小费。"给气体刹车器一个公平的机会，丹尼尔。"他说。这是他所有的钱，这钱还是他从朋友那儿借的。

下面的事情真的有一点儿幸运。试运行的火车以每小时三十英里的速度运行，这个时候就在前方不远处，一个赶牲口的人正在穿越铁轨。赶牲口的赶紧鞭挞牲口，可是牲口向后倒退，把赶车的甩在了两根铁轨中间。

泰特拉动了气体刹车器。火车在距离倒地的赶牲口的人只有四英尺的地方停了下来。

这就是激动人心的气体刹车器的首场表演。自那以后，订单源源不断而来，给他带来了很多个五十美元。

三年之后，威斯汀豪斯参观了英格兰，与铁路公司的经理们发生了第二次斗争。他最好的朋友是个工程师，从一开始就选择站在了他这边。他的第一个订单来自于伦敦的大城区铁路公司。

到了1881年，气体刹车器已经成为了标准的刹车器。威斯汀豪斯在匹兹堡建立了一家大型工厂。三十五岁的时候，他已经成了一个富翁和名人。

他又活了三十三年，每一年都充满了新的想法和新的发明。他又进军电气领域和气体发动机领域。

他创建新的工厂就好像一个农民种庄稼一样简单。

正像他的员工所说的："没有人知道下次老人又会给我们带来什么惊喜。"

成功并没有冲昏他的头脑。他是一个意志坚强的、专注的人，每一个强者都是这样。但是他从没有脱离他的员工。

他的员工们比他的银行家们更忠实于他，他失去了对公司的金融控制。

　　曾经有一次，工人们要求只拿一半的工资，因为他们知道他正需要钱。

　　还有一次，在他陷入困境时，他的员工集资六十万美元帮助他度过难关。

　　热情、忙碌、诚实、公正、有上进心、乐观、精力充沛、勇敢，这就是乔治·威斯汀豪斯的真实写照。他以他的员工为荣。

　　他为员工进行培训，与他们一起工作。他热爱工作，热爱劳动人民。1914年他去世的时候，扶灵柩的是八个与他一起工作了四十多年的老机械工人。